幼兒教材教法
—— 統整性課程取向

周淑惠 著

作者簡介

周淑惠

現任：台灣清華大學幼兒教育學系／所教授

學歷：美國麻州大學教育博士（主修幼兒教育）

美國麻州大學教育碩士

政治大學法學碩士（公共行政）

經歷：新竹教育大學幼兒教育學系／所教授

新加坡新躍大學兼任教授

澳門大學客座教授

美國北科羅拉多大學研究學者

美國內布拉斯加大學客座教授

美國麻州大學客座學者

新竹師範學院幼兒教育學系／所主任

新竹師範學院幼兒教育中心主任

行政院農業發展委員會薦任科員

考試：公務人員高等考試普通行政組及格

序

　　筆者一向對幼兒課程與教學頗有興趣，在攻讀博士期間，即以此為研究重點，任職師院十年以來一直任教教材教法、概念發展相關科目，尤其是幼兒數學與幼兒自然部分，曾於民國八十四年、八十六年依次出版《幼兒數學新論》、《幼兒自然科學經驗》二本專書。

　　幼兒教育一向注重培養完整幼兒的教育目標，幼兒生理、心理、智能等方面如何均衡且統整地發展，是筆者授課時極為重視的論點，在每一門教材教法課中，均一再強調統整性課程設計。尤其在教授「幼稚園教材教法」時，常苦於坊間無涵蓋多領域且強調統整性課程設計的適當教材，因此筆者不揣才疏學淺，將任教多年的經驗與研究整理成書。

　　本書共分六大篇，第壹、貳篇為「基礎篇」，旨在介紹課程統整之意涵與基礎要件以及幼兒教學的基本理念與實務。第參篇至第伍篇為「內涵篇」，依次為幼兒智能領域課程（認知與語文）、幼兒心靈領域課程（社會與創造力）、幼兒體能領域課程，每一篇均論及幼兒在該領域之發展概況、教學內容，以及教學趨勢與策略。第陸篇則為「整合篇」，重申幼兒統整性課程設計之重要性，並提出統整性課程具體設計實例，以供讀者參考。相信本書對於修習「幼稚園教材教法」、「幼稚園課程設計」與「幼稚園教育實習」等課程者，頗有助益。尤其是在當前以課程統整、學校本位課程發展為精神的九年一貫課程施行之際，許多中小學教師對於統整性課程之意涵及其設計均不甚了解，本書當可作為中小學教師教學與課程設計之重要參考資源。

　　筆者才疏學淺，對於撰寫一本涵蓋各領域的教科用書，可能無法做到完整性與零缺點，尚請諸位幼教先進不吝指正。又在撰寫期間，助理馨徽、瓊慧與明佑不憚麻煩地打字、修訂與校對，在此表達個人的謝意。當然最重要的是要感謝二個孩子卓威、卓茵的乖巧懂事與孩子的爸之體貼扶持，以及雙親對終日繁忙的我之諒解與支持。

周淑惠　謹誌

於 91 年盛夏

目　錄

附表目次

附圖目次

第壹篇

統整性課程導論

　　「課程統整」（curriculum integration）的概念源起甚早，與進步主義教育思想之發展密切相關，然而隨著進步主義的沒落，課程統整的概念幾乎被忘懷甚或被窄化（歐用生，民 88；Beane, 1997）。相對於中小學界的分科課程，在各國幼兒教育上較為幸運，課程通常被視為具整體性，其各部分間是統整相關的（Essa, 1992）。舉例言之，「方案課程」（Project Approach）（Katz & Chard, 1989; Chard, 1992）、「瑞吉歐課程」（Reggio Emilia Approach）（Edwards, Gandini, & Forman, 1993；張軍紅等譯，民 87）、「萌發課程」（Emergent Curriculum）（Jones & Nimmo, 1994）、「主題式課程」（Theme-Based Curriculum）（Berry & Mindes, 1993）、「光譜課程」（Spectrum Curriculum）（Gardner, 1991）、全語言（Whole Language）（薛曉華譯，民 86）等均是強調多元領域兼重的統整性課程，但彼此各有特色，作法不一。此外，美國**全國幼兒教育協會**（簡稱為 NAEYC）所頒布的出生至八歲「適性發展教學實務」（Developmentally Appropriate Practice）即是一個標榜富統整性，由多學科領域交織統合而成的課程（Bredekamp, 1987; Gordon & Browne, 1993）。

　　近年來，我國教育改革之聲甚囂塵上，有理念之幼稚園紛紛尋求變革與創新之道，與中小學截然不同的是，幼稚園實施課程改革多半是以園所為本位，自我啟動與追求；而中小學除了少數

民間教改實驗，如：森林小學、全人中學等外，多是被動因應與執行中央所設定的課程結構（周淑惠，民 87a）。可喜的是教育部於民國八十七年九月公布「國民教育階段九年一貫課程總綱綱要」，預定先實驗試行，並於九十二學年度起開始全面實施，該課程最顯著的特色是強調「課程統整」（歐用生，民 88）與「學校本位的課程發展」，各校可依自己需要發展改革其課程，強調師生在課程計畫中的自主性。實施課程統整和學校本位課程勢將減弱中央權威與控制。

雖然統整性課程概念在我國幼教界耳熟能詳，有理念的幼稚園均能切實奉行或進行課程改革，但是根據歷屆幼稚園評鑑結果或學者的研究（周淑惠，民 86a；簡楚瑛等，民 84；林佩蓉，民 84）顯示：分科取向的課程與傳統式的教學仍普遍存在於實務界。吾人以為幼稚園與小學的學習是必須銜接的，值此九年一貫課程改革熱潮之際及面對幼教課程統整呈現多元面貌，實有必要對課程統整的概念與作法深加探討與釐清，期能裨益統整性課程在幼教界及中小學界的全面施行。尤其在 Gardner 所倡導的「多元智能」（the multiple intelligence）學說盛行的今日，學界普遍強調課程應各領域兼重、均衡且統整實施，以達全人發展目標的呼籲聲不斷，探討課程統整更具時代意義。

本篇「統整性課程導論」共計二章，第一章乃在介紹統整性課程（the integrated curriculum）的意涵，包括意義、特徵、目的等；第二章繼而探討實施幼兒統整性課程之基礎要件，包括幼兒活動室空間規畫、作息時間安排、教學方法運用與教師角色扮演等，以及探討實施幼兒統整性課程之具體而微策略。

1 統整性課程之意涵

第一節　課程統整之意義

　　課程統整的概念並不陌生，著名的課程學者Tyler（1975）曾揭櫫有關課程編制有效組織學習經驗的三項原則——繼續性、程序性與統合性；繼續性與程序性乃指課程中教材間的垂直組織，即前後教材間縱的排列關係，而「統合性」則意指不同領域教材間之橫向聯繫整合。幼教學者 Bredekamp 與 Rosegrant（1995）定義課程統整為：在兒童經驗範圍內提供一個組織的主題或概念，讓兒童能探索、解釋與從事於涉及多學科目標的學習活動。事實上何謂課程統整？自始以來學界與實務界即出現與課程統整相關的各種歧異名詞，諸如：多學科課程（multidisciplinary curriculum）、科際課程（interdisciplinary curriculum）、跨學科課程（crossdisciplinary curriculum）、貫學科課程（transdisciplinary curriculum）、融合式課程（fussed curriculum）等，其內涵所指各不相同。舉例而言，同是「科際課程」，根據 Shoemaker（1989）的分類，科際課程是指聯合兩個或兩個以上學科的相同內容、概念，但卻保持學科間的清晰界線；而 Drake（1991）之科際課程乃指將某些重要的核心知能，貫穿於各科之中，如在各科中均強調語文能力的培養；相對地，Glatthorn 與 Foshay（1991，引

自周淑卿，民88）所稱之科際課程乃指由幾個學科合而為一的「合科
課程」，如社會科。同一名詞，彼此定義卻有極大的差距。

其次，有關課程統整的方式亦相當分歧、莫衷一是。例如：Fogarty
（1991）提出成連續體狀程度性差異的十種課程整合方式，它由單一
學科內部的整合，至跨越諸學科的整合，最後至學習者間的自我整
合，依次為：分立、並聯、巢列、排序、共享、網線、串連、統整、
沈浸、網絡系統等十種模式。Shoemaker（1989）也歸納了七種不同
定義與方式的課程整合：科際模式、主題模式、全面模式、融合模
式、整合性腦力模式、心腦運用模式，以及上述任一者之組合模式。
Kimpston（1989，引自 Relan & Kimpston, 1991）綜合各家，亦提出
成連續體狀的四種整合方式：單一學科內部式、組織核心式、融合
式、折衷式。又 Vars（1991）提出相關式、融合式與核心式，Drake
提出多學科課程、科技課程與超學科課程，Glatthorn 與 Foshay 則提
出相關課程、廣域課程、科技課程、超學科課程。

Relan 與 Kimpston（1991）指出：傳統課程的整合設計，通常與
不同學科間的混合摻雜有關，直至今日，課程整合已超越學科組合，
具有較廣泛之意涵，例如：貫領域技能的整合（如：思考、推理與解
決問題等能力），不被視為特定學科的附加主題探討課程（如：AIDS、
藥物吸食、職業教育）等。課程專家 Beane（1997）認為課程整合是
一種特別的課程設計，它具有幾項特徵：(1)課程是以真實世界中對個
人與社會具重大意義的問題組織而成的；(2)設計與「組織核心」（or-
ganizing center）（即主題）也有關的學習經驗，以統整與主題脈絡
相關的知識；(3)知識的發展與運用是著眼於目前正在探討的主題，而
非準備未來的考試；(4)重點是置於與運用實際知識有關的實質方案
（即所探討的主題）及活動，增加學生統整課程經驗於自己的意義基
模（理解架構）中的可能性，並去經驗解決問題的民主程序；(5)學生
參與課程設計，自己架構問題與表達對問題的關心，並提出能助其學
習的相關經驗，課程統整實與「民主」息息相關。吾人以為，Beane

對課程統整的定義，較符合課程統整的時代意義。課程統整除涉及課程設計層面外，Beane進一步指出它還涉及經驗的統整、社會的統整、知識的統整等三個層面，茲分別敘述如下：

㈠經驗的統整（integration of experience）

人們對自我與周遭世界的看法、信念是從其個人經驗中建構與省思而來的，經驗的建構與省思成為吾人處理未來所遭遇無論是個人或社會問題的一種重要資源。統整性課程可以統整吾人的學習經驗，製造有意義的學習，因為當知識附著於情境中，有脈絡意義可尋，且與文化、背景、個人經驗相關時，或者愈是深度與精心地被探求著，就愈可能被理解、學習與記憶。統整性學習所涉及的學習經驗是吾人所無法忘懷的經驗，這樣的學習涉及兩種方式的整合，一為新經驗整合於吾人現有的意義基模中，一為組織或統整過去的舊經驗以幫助吾人自處並運用於新問題情境中。

㈡社會的統整（social integration）

課程統整也是一種社會性的整合，一個民主社會中的學校，其重要功能在提供各種不同背景的學生，強調社會所重視的共同價值、利益的課程統整經驗，此常被稱為通識教育，是每一位社會民眾所必備之知能。它的課程是以個人或社會上所發生的重大議題為探討中心，由師生共同計畫與實施，體認並施行各領域知識的統整，以獲得通識知能。在此一師生共同創造的社會性統整、民主化教室情境中，知識對學生而言，可更接近、更富意義。

㈢知識的統整（integration of knowledge）

課程整合時，亦有利於知識的組織與運用。課程統整背後所隱含的深層涵義之一，即是將知識當做解決真實問題的一項工具。它以生活中涉及各領域知識的議題讓兒童探討，在探討或解決問題過程中，

自然萌發運用知識與追求知識的技能。知識即力量，可以控制自我生活，並用來解決問題，但是當知識被視爲分科組織下的片段訊息與技能時，它的力量則受限於科目界限而消失。因爲當吾人遭遇問題或困惑情境時，我們並不會停下來去問，哪一部分的問題是屬於語文？哪一部分的問題是屬於音樂？或屬於數學？……，而是整體性地去思考，運用什麼樣的知識才是對解決問題最合宜、最相關的知識，或者是急切地尋求現階段我們所未擁有的解決問題必要知識。愈來愈多的研究顯示，寓於情境脈絡的知識，尤其是情境與學生的生活經驗相連結，知識愈是可及於學生，學習愈是容易。當我們理解知識是整體性的，我們就能彈性地、有如真實生活般地自由判定問題，並能運用廣泛的知識去解決問題。

綜上所述，吾人以爲課程統整係指師生共同選定與生活有關且含涉多學科面向的議題或概念，作爲學習之探討主題，並設計相關的學習經驗，以統整與該主題脈絡相關的知識及試圖理解該主題或解決該問題。它具有幾項特色：(1)師生共同設計；(2)建立民主社群；(3)以探討某項主題爲旨；(4)追求與實際運用知識；(5)有朝氣、有活力與挑戰性的教學。

第二節　課程統整之優點與目的

至於課程統整有什麼益處？對兒童的學習有何助益？爲何值得吾人大肆提倡，其目的何在？幼教學者 Bredekamp 與 Rosegrant（1995）提出課程統整的六項優點，充分闡明吾人爲何要提倡統整性課程。此六項優點或多或少亦涉及上述 Beane 所指之經驗統整、社會統整與知識統整。

一、凝聚兒童的各項經驗並助其建構知識

當兒童從事於整合性、有意義的主題探究時,他們能與家人、朋友溝通在學校裡做什麼?學什麼?使得家裡的經驗與學校的經驗彼此產生連結,同時他們也學到知識與技能。當兒童運用某一學科知識去解決對他們很重要的問題時,他們愈可能從事於該項學科知識的學習,例如:兒童在搭構真實的恐龍模型時,自然會運用數學知識與能力。這種學習是有情境意義的,是有助於兒童理解的。

二、讓兒童見識每個學科的實用性

當各課程領域愈是統整相關時,兒童就愈能理解廣大知識界每個領域的貢獻。若兒童所探究的主題是有趣的,或探究的是真實世界的問題,學科知識就有用武之地,因為兒童可以運用相關的學科知識去解決或回答真實世界的問題。當兒童見識學科知識的實用性,就愈能重視學科知識的追求,其結果則愈能裨益其學習。

三、讓兒童體認當代科際整合的需要性

當代許多學科是無法單獨於其他學科之外而被學習或是運用的,例如:科學探究需要仰賴數學知識,文學欣賞需要熟悉歷史知識,環境污染議題涉及環境學、社會學、心理學等,建築科學涉及工學、力學、美學、人文歷史、社會學等。二十一世紀是科技高度發展、也是科際間需密切統整的世代,透過整合性主題的探討,不但引發有意義的學習,也能讓兒童見識並理解科際整合的必要性,為未來世紀作準備。

四、減少轉換時間的次數與突兀性

　　年齡愈小，對於不同科目學習活動間的身心轉換就愈困難，例如：由上一節國語科轉爲下一節的體育課，再變成下一節的數學課。分科教學免不了科目間的轉換與時間的浪費；相對地，讓兒童從事主題式的課程，時間是整段的，學習是連貫統整的，可以減少轉換時間的次數與突兀性。

五、導致有意義與精熟的學習

　　彼此內容毫不相關的分科課程，會給教師帶來趕進度的壓力，慌亂的結束舊課以進入新課，學生則是囫圇吞棗、消化不良，消弭了求知的慾望。對於幼童而言，學習概念須有重複的經驗，才能精熟之。統整性課程不僅提供幼兒有意義的學習，而且也是精熟的學習。

六、更能體認作為一個學科專家的意義

　　統整性課程提供兒童機會去見識每一個學科對某一特殊主題的貢獻，因此兒童愈能體認作爲一個學科專家（如數學家、科學家）的角色。

　　綜上所述，吾人不難理解設計統整性課程的目的有四：

一、抒解分科課程的缺失

　　在有限的授課時間下，爲完全涵蓋所有科目內容，必然形成幼教學者Elkind（1988）所言「急速課程」（hurried curriculum）的趕課

現象，培養只學到膚淺教材內容的「急速兒童」（hurried child），不僅所學膚淺，而且內容支離破碎、毫不相干，形成理解與運用之困難。此外，各科教師間基於本位主義，常流於搶上課時數的現象，完全不考量幼兒才是學習的中心。統整性課程除明辨各科重疊處，減少趕課時間外，還凝聚兒童的經驗，引發更多的新學習。

二、創造有意義的學習

傳統分科課程的知識乃為傳授而傳授，無情境意義，可以說是偏重「脫離情境脈絡的知識」，忽略「行動中的知識」。統整性課程藉生活中問題的探討，知識被視為理解或解決問題的重要工具，即寓於情境脈絡，富有意義，易於理解。事實上，當今社會許多議題，諸如：環境保護、社區生活、人際關係、健康與疾病等，均涉及多學科領域。支離破碎、毫無關係的分科學習在科技整合的當代似乎無多大意義，它留待太多的連結工作給兒童自身，以至於無法理解。相對地，課程整合是讓課程內容對學生有意義的非常重要策略，而且當兒童親身體驗各科整合以探討某一主題的過程，必然會增進其對科際整合必要性之理解，為未來紀元作準備。

三、賦予學科知識合法地位

反對課程統整者最大的批評聲浪是控訴其摧毀學科知識的完整面目（integrity），而有些主張課程統整者卻指出學科知識是課程統整最大的「敵人」。事實上，吾人以為要做到真正的學科整合，學科知識反而是有用且必需的「盟友」。當課程主題確定後，我們並非呆坐著等待靈感啟發，而是有意地及有情境脈絡地運作知識；各學科知識是被「重新定位」於正在探討的主題（問題、活動）情境中。換言之，知識是主題脈絡的參考資源與解決問題的利器，此時知識是活

的，是有情境意義的，是有目的的，是更容易學習的。簡言之，統整性課程更能賦予學科知識合法地位，因爲在此情境下，展現出「知識即力量」，它可被當成工具運用於解決問題之上。所以在統整性課程中的學習者，更可能涉獵較豐富、較精緻、較複雜的知識，也更願意從事於知識的追求，以因應當代科際整合的世界。

四、培養完整幼兒與解決問題能力

在統整性課程的主題探索過程中，兒童隨時追求與運用知識，其解決問題能力之增進是無庸置喙的。此外，課程統整的觀念乃部分源於兒童發展的統整性──人的生理、心理等各部分發展是彼此相關、交互影響的，全人均衡且統合地發展，不偏廢或偏重某一領域，是必要且非常重要的幼兒教育目標。統整性課程提供均衡涉及各學科、各領域的整合性經驗，無疑地，它對培養幼教最大目標 ──「完整幼兒」（the whole child）是有目共睹的。

2 統整性課程之實施

　　統整性課程揚棄分科教學模式，代之以探討生活中問題或有興趣主題，以整合與主題脈絡相關的知識與經驗，其實施方式與分科教學實大異其趣。本章擬分二節，第一節旨在探討實施統整性課程的一些基礎要件，第二節則探討實施統整性課程的方法。

第一節　課程統整之實施基礎

　　吾人以為課程統整欲竟其功，必須建立在一些先決條件之上，尤其是在幼兒教育。這些實施先決要件為：(1)課程設計以學科知識、兒童發展知識為念；(2)提供開放的學習環境；(3)實施合理的作息安排；(4)力行多元的教學方法；(5)趨向信實評量方式；(6)扮演支持性的教師角色。任何的幼教方案若能本此基石，實施課程統整乃指日可待。

一、課程設計以學科知識、兒童發展知識為念

　　學科知識絕非統整性課程的敵人，而且在實施統整性課程過程中也不會流失；相反地，它是統整性課程的忠誠盟友。誠如Bredekamp與 Rosegrant（1995）所言：統整性課程無法達到知性的完整境界，除非它是周全地植基於歷經幾世紀演化的諸學科知識之基礎上；若無

學科基礎，幼兒統整性課程可能很快地就會退化到只是好玩卻無意義的活動或是微不足道的追求。二人所言甚是，常見幼兒教師於設計統整性課程時，只著重於膚淺、好玩的活動，所設計的活動甚至與所探求的單元主題概念無直接的相關性，顯示其缺乏對主題概念知識的了解與重視。因此，欲成功地設計統整性課程，只有在教育者充分了解「諸學科間之異同點」，方能致力於有意義與重要的整合性工作（Bredekamp & Rosegrant, 1995）。Relan與Kimpston（1991）綜合有關課程統整方面的文獻，亦發出相同的論調：除非學生對個別學科的概念有一些基礎，否則不可能去發現學科間的關係，而且也不可能運用探究、分析與綜合的方法去探索某一特殊主題。以上觀點對職前師資培育方案與在職教師之意涵十分重大，並非實施統整性課程就不用在意或研讀各科教材教法，相反地，教師反而要更清楚了解各科、各領域知識內涵，並能辨其異同，方有統整課程之「基礎能力」。究竟沒有「學科」（譬喻為國家）就不可能有「科際」整合（譬喻為國際）（Gozzer, 1982）。Bradekamp與Rosegrant（1995）更指出：在幼兒教育上常面臨以「兒童為中心」（child-centered）或以「老師為中心」（teacher-centered）的兩難緊張狀態，解決此一緊張態勢的方法是客觀地將學科專家大致同意的重要內容融入於有意義、以兒童為中心的學習經驗中（兒童有興趣想知道與學習者）。若二者均能考量，就解決了在幼兒教育上常犯的錯誤——對課程知識內容未能充分重視，以及在小學教育上常犯的錯誤——對課程知識太過重視，而忽略幼童的發展特徵或特殊需要、或個別幼童的興趣。因此吾人在設計課程時，必須將學科內容置於心中，並將學科內容透過兒童發展知識予以過濾篩選。吾人以為到底應該教什麼？何時教？還必須配合兒童的發展層次，須取決於兒童發展知識。正因為課程設計必須以學科知識、兒童發展知識為念，故本書第參至第伍篇將闡論各學科、各領域之發展概況與教材教法。

二、提供開放的學習環境

　　一個開放可以自由探索的學習環境對統整性課程的實施是絕對有
必要的。兒童在一個實施統整性課程的學校裡，常因課程需要，必須
遊走於各處蒐集資料、觀察事件或訪問相關人物等，以對主題深度、
廣度地加以探討，因此，空間的開放是極為重要的。至少在幼兒的活
動室中必須設有蘊含各學科／領域的「興趣中心」（interest center）
或「學習區」（learning area）（俗稱角落），諸如：益智角、美勞
創作角、扮演角、圖書角、積木角、科學角等，這些學習角落容許幼
兒自由選擇與探索，角落內的教材、教具也是開架讓幼兒自由取用。
在這樣的環境中，它鼓勵的是自發性的探索行為，各個角落就有如所
探討主題的不同面向，幼兒可以從不同的角落、不同的面向充分地探
索主題概念。舉例而言，當探討的主題是「我的身體」時，幼兒可以
在益智角測量比較身高、美勞角繪畫身體輪廓、圖書角閱讀身體相關
圖書、音樂角隨音樂探索自己的身體部位、科學角用放大鏡或鏡子觀
察自己的身體特徵等等。換言之，它將各學科領域整合於各項具體活
動中，提供了均衡且統整性的學習經驗，促進幼兒全人發展。如果幼
兒的學習空間只圍於傳統教學中一張張固定排列的桌椅，何來有探索
行為產生？主題如何能既深且廣地加以探究？當然活動室除了各個角
落外，還必須有一個較大的空間以供團體活動使用，通常的作法是特
意加大某一角落，彈性運用，使具雙重功能，亦有在教室中央或一隅
特意空出一個團體活動空間者。筆者歸納學習區的功能共有幾項：(1)
發展幼兒獨立自主性、責任感；(2)發展社會性能力——合作、輪流、
等待、互動等；(3)發展幼兒的語言溝通能力；(4)提供真實、具體經
驗，促進學習成效；(5)增進學習意願與動機；(6)符合個別差異的需求
與幼兒個人內在個別差異的事實。當然最大的功能是提供均衡統整性
的學習經驗（周淑惠、陳志如，民 87）。

三、實施合理的作息安排

　　幼兒的一天作息活動應盡量包含大團體活動、分組活動與個別探索活動三類時段，避免全天候大團體活動，多給幼兒自由選擇與探索的時段。如果幼兒一天的作息全是全班大團體活動，他又如何能自由探索主題呢？統整性課程勢將流於形式。在幼兒教育上，吾人特別重視幼兒個別發展的差異性，幼兒在分組活動，尤其是個別探索活動的時段，可以自由選擇與主題相關的活動或學習角落，以滿足其個別差異需要。此外，教師也可善用轉換時間、點心時間或如廁時間，以強化正在進行的主題課程，並在安排活動時盡量能注意動靜交替之平衡原則。

四、力行多元的教學方法

　　當兒童在探索主題時，教師應容許幼兒運用不同的探究方法，除了因為主題的探究方法本就多元，如觀察、訪談、閱讀、操作、遊戲、扮演活動、聽講等，同時也是考量幼兒有其個別差異性，其發展層次、學習型態與個性均不相同。以學習型態（learning style）為例，有人是視覺型，有人是聽覺型，也有人是操作型（NAEYC Video Tape#868）。吾人不應將教學方法視為兩極對立，正如同長久以來「以兒童為中心」以及「以教師為中心」的爭辯般；而應將教學行為看成是一個從非常主導的教學方法到非常鬆散的教學方法的連續體，是程度性的差異（Bredekamp & Rosegrant, 1995）。事實上沒有放諸四海皆準的一元教學方法，有些方法在某些時空對某些人是合宜的，吾人不能完全依賴某一種策略，那是註定無效的。此外，幼兒教師還必須把發展看成是連續性變化，要有系統且持續地評估兒童的學習與發展狀態，並為之對應，採行不同教學方法或策略。有關幼兒園常用

教學方法將於第貳篇討論。

五、趨向信實的評量方式

欲實施統整性課程，除教學方法要彈性外，評量方式也要彈性，多採用「信實評量」（authentic assessment），其策略諸如：教師觀察、歷程性檔案、訪談兒童、遊戲方式、三方對談（老師、父母、兒童）等。如果評量方式還是只用傳統紙筆測驗（如：選擇題、簡答題），那麼課程內容也會因應考試，窄化成脫離情境脈絡的學業能力，課程統整勢將無法落實。因此採用以信實評量為主的多元評量方式是實施課程統整之成功要件。

六、扮演支持性的教師角色

在一個實施統整性課程的教室裡，除要有硬體設備的角落環境外，還必須有軟體的環境，即民主的氣氛，幼兒方能參與設計課程或自由選擇所欲探索的活動。具愛心、耐心，能營造溫暖氛圍且個性開放、接納的教師才能支持幼兒的主題探索。因為在幼兒主題探索過程中，這樣的教師會給與幼兒材料上的支持（隨時提供幼兒所需的材料）、言語上的支持（誇讚幼兒表現、以問題引發幼兒探索動機、或提升幼兒探索層次……）、態度上的支持（容許差異性、容許自由表達與選擇），甚而參與幼兒的活動與幼兒同樂。幼兒需要機會去探索，同時他們也需要教師的支持以發展潛能，提升智能層次。

第二節　課程統整之實施方式

　　課程統整實施的模式歧異，這些不同模式可視爲一個連續體，有程度與深度不同的整合方式，它取決於學習所涉及之內容、程序與技能（Relan & Kimpston, 1991; Fogarty, 1991）。從最淺窄的整合到最深廣的整合方式，可能差之甚遠。根據 Jacobs（1989，引自 Relan & Kimpston, 1991）的分析，有些統整方式相當的淺陋，舉例而言：「跨學科」（crossdisciplinary）整合方式由一個學科出發，以此學科的觀點來看其他學科，「複學科」（pluridisciplinary）方式則只是將或多或少有相關的學科並列學習。又前所提及 Fogarty（1991）十種整合模式中的分立、並聯、巢列三種方式，均是在一單獨學科中的兩個概念或兩個單元的連結整合，並未涉及兩個或兩個以上學科。Fogarty 模式中涉及兩個以上不同學科的整合只有網線式（webbed）、串聯式（threaded）、統整式（integrated）。Fogarty將網線式整合方式比喻爲「望遠鏡」式的整合，它是以一個豐富的概念、議題，如：發明、形式，來提供統整不同學科的機會，從一個概念、主題的探索中可以學到各個不同的學科知識，有如望遠鏡般。串聯式則比喻爲「放大鏡」式的整合，它將許多重要技能（如思考、社會探查）貫穿於各學科內容中，在各學科中強化擴大此重要技能，有如放大鏡般。而統整式比喻爲「萬花筒」，它乃以各學科間的重要重疊概念與萌發的形式來重新組織諸學科，例如：全語文課程模式其聽說讀寫技巧完全涵蓋於一個以文學爲基礎的整體性課程中。Fogarty 的網線式、串聯式與統整式三種課程統整模式實頗值吾人參考。

　　吾人以爲，欲具體而微地實施課程統整，有三個基本觀念必先加以澄清：

一、「並非」所有的學科均需被統整

　　統整性課程之實施應從現行課程領域中找出「自然連結」之處，並非所有的學科領域均需被包含於一個統整性主題中，如果強行納入各個學科領域的活動，勢將成爲一個「人爲化的活動集錦」（Jacobs, 1991）。吾人以爲課程整合本身不是一個「目的」，它是達成基本教育目標的一個「方法」，運用此一方法，使兒童的學習有意義，並促進其探索、解決問題能力，以達培養完整兒童重大教育目標。反之，如果把課程整合當成是一個最終目的，無所不用其極地將各不同學科勉強混合在一起，勢將造成虛浮表面式的學習，而與所探索的主題概念甚少相關。Brophy 與 Alleman（1991）所言甚是，所謂合宜的活動是因爲它促進了重要的教育目標，而不是僅因其貫穿不同的學科界線。所以吾人在設計統整性課程時，應考量活動是否能促進主題概念的理解，尋求主題概念下學科領域間的自然連結處，無須勉強整合所有學科領域。

二、「並非」拋棄所有的學科知識

　　實施統整性課程並非拋棄所有的學科知識，完全不需理會學科知識；相反地，教師更要洞悉各學科領域知識內容，辨其異同關係，方才具有統整不同學科之能力。在幼兒教育上，常發現教師對學科知識內容未能充分重視，所設計的課程雖或多或少涉及一些學科領域，如美勞、語文等，但往往只是一些虛浮表面的活動呈現，與主題概念甚少直接相關。因此，誠如 Bredekamp 與 Rosegrant 所言，若無學科基礎，幼兒統整性課程可能很快地就會退化到只是好玩卻無意義的活動，或是微不足道的追求。總之，學科知識絕非統整性課程的敵人，它反而是真心相助的親密戰友。教師在與幼兒共同探索主題的過程

中，其實可和幼兒一同學習並運用與主題相關的知識，以促其專業成長。

三、「並非」同等於多學科課程

　　Beane曾特別指出統整性課程與「多學科課程」（multidisciplinary curriculum）是截然不同的，吾人頗為贊同此一觀點。他認為就課程統整而言，課程設計始於一個中心主題，然後向外確立與主題相關的「大概念」，以及用來探索主題與概念的「活動」，這樣的設計並未特意考量各個學科，因為主要目的是要探索主題自身（如下頁圖2-1）。然而在多學科課程，課程設計始於確認各個「科目」以及各學科中應被精熟的重要內容與技能；當一個主題被決定後，以「每個科目可對主題貢獻什麼？」的問題來設計主題課程（如下頁圖2-2）。在這種情況下，各獨立分科的身分仍被保留於教材內容中，學生仍須輪轉於各學科間；雖然各科目與主題相關，主要的目的仍是精熟其所涉及的內容與技能，因此，主題的探討乃變為次要。換言之，多學科課程是以學科內容、技能作為課程開始與結束，而統整性課程卻是以兒童有興趣的問題、主題作為課程的開始與結束，對主題概念充分探討，並以概念來統整各個領域知識。就此觀點，Beane 的統整性課程顯然與Shoemaker（1989）所指的主題式課程（thematic curriculum）類似，Shoemaker指出主題探討有議題（topic）與概念（concept）兩種方式，在主題課程下，學科界線變得模糊不清。

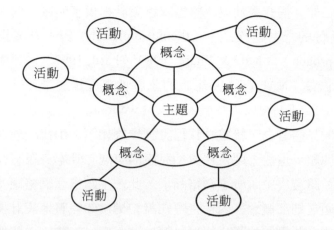

圖 2-1　統整性課程的網絡圖

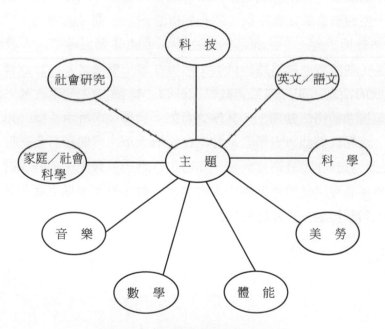

圖 2-2　多學科課程的網絡圖

　　以上「三非」信念對幼兒統整性課程設計提供了明確方向，在幼兒教育上盛行的「主題模式」（theme approach）與「方案模式」（project approach）（Katz & Chard, 1989; Chard, 1992），與美國全國幼兒教育協會（NAEYC）所出版的統整性課程錄影帶（#868），即趨近於此一設計，均以「發展網路」（webbing）的策略設計幼兒統整性課程。具體言之，統整性課程設計步驟如下：⑴找出幼兒有興趣的主題或問題，這些主題往往與幼兒生活有關，且本身蘊有豐富概念；⑵發展並繪製「主題概念網絡圖」，此一主題概念網絡圖乃是反映所探索主題之細部概念，內含主題知識結構；⑶完整地設計探索這些主題概念的一些貫穿諸學科或發展領域的活動，形成「主題概念網絡活動圖」。

　　舉例而言，如果主題是「超級市場」，教師可以先行分析超級市場此一主題概念的知識結構，即相關概念──「商品的陳列」、「商品的來源與供應」、「商品的輸送」、「顧客與服務」、「收銀作業」等，並將概念網絡繪於紙上；然後在每一概念之下，設計涉及不同領域的活動，如：美勞、數學、社會、律動、語文等活動，形成「主題概念網絡活動圖」，其模式有如下頁圖 2-3 所示（概念以矩形表示，活動以橢圓形表示）。當然在次概念下，可能還有更基層的次次概念，教師在設計網絡圖時，亦可包含進去以做更深入的探討。有關統整性課程之具體實例將於本書最後一篇論及（或見筆者所著《幼兒自然科學經驗──教材教法》一書）。

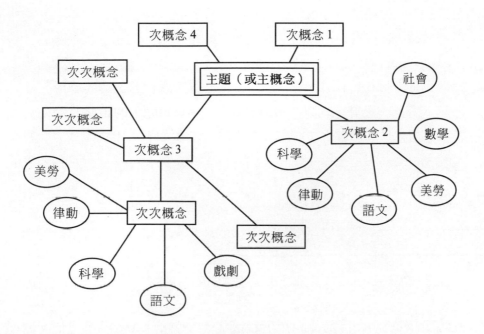

圖 2-3　主題概念網絡活動圖

幼兒園教學理念與實務

　　本篇旨在介紹幼兒園的教學理念與教學方法，共計三章。幼兒園的教學無可避免地深受時代潮流所導引，身為幼教工作者，不能不知幼教潮流與理念，故第三章首先論及當代幼兒教育之趨勢與主要理念，揭示其一重要理念即為統整性課程。第四章則闡述創造力與教學，包括創造力的意涵、重要性與創造性教學實務，顯示創造性教學實為統整性課程之精髓。吾人以為，在邁入二十一世紀之際，社會已開始劇烈變遷，最明顯的現象是教育普及、科技發達所帶來的高度競爭與挑戰的社會。在新世代的衝擊下，許多國家已開始思索當前的教育方向與趨勢，期能培養具有挑戰性、創新性、批判思考能力與解決問題能力之公民，俾適存於未來世紀，以創造性教學為取向的統整性課程勢必為培養未來公民的不二法門。最後第五章則介紹幼兒園教學實務，呈現幼稚園教學面貌，包括幼兒教學原則、常用的教學方法、教學型態與策略，當然這些方法與策略是以創造力為依歸的。

3 幼兒教育之趨勢與理念

　　在歷史的軌跡中，有關幼兒發展與（或）幼兒教育之理論學派（者）繽紛林立，諸如：自然主義創始者、被譽爲幼教之父的盧梭（J. Rousseau），強調感官與實物教學、被尊爲幼稚園之父的福祿貝爾（F. Froebel），以蒙氏教具享名全球、足跡踏遍世界的蒙特梭利（M. Montessori），持遺傳論點、建立兒童發展常模的葛塞爾（A. Gesell），行爲科學學派的斯金納（B. Skinner），根植於行爲學派、提倡直接教學（direct instruction）的巴瑞特與英格曼（C. Bereiter & S. Engelmann），提倡「做中學」（learning by doing）、代表進步主義的杜威（J. Dewey），以及認知發展理論大師、建構主義（constructivism）鼻祖之皮亞傑（J. Piaget）等等，均對幼兒教育深具影響，貢獻無可磨滅。

　　對於以上眾說紛云之理論，吾人可將其大致劃分爲三大派別：預定論（Predeterminism）、環境論（Environmentalism）、交易互動論（Transactionism）（Day, 1983）。此三種人類發展理論最大的歧異點乃在於彼此對環境與遺傳因素影響人類發展之重要程度有不同的看法。基本上，「遺傳論」者認爲遺傳之特徵大體上決定了一個人的發展；而「環境論」者則認爲在決定人類發展時，環境與經驗比天生特質來得更爲重要。至於「交易互動論」乃主張人類發展是個體的遺傳與經驗互動效果的一個反應。就以上所提及之學派而言，葛塞爾乃爲遺傳論之鮮明代表人物，斯金納、巴瑞特及英格曼無疑爲環境論學

派，而皮亞傑、蒙特梭利、杜威等人則屬交易互動學派。事實上，此三類發展理論皆各自發展出不同類型之幼稚園，所有幼稚園之教育理念均可歸溯於此三種理論。

雖然各家對於交易互動論轉化為教學實務的見解不一，但卻有一共識點存在，亦即無論是蒙特梭利、杜威或皮亞傑學派都堅信教師的主要功能或角色是準備一個幼兒可以參與知識建構過程的環境。因此，基於交易互動論之教育（學）應是活躍的、個別的，是幼兒與環境互動的產品，而非有如遺傳論之教學觀，只是呵護、等待幼兒成熟，讓其隨性快樂成長而已，也非有如環境論之教學觀，仔細控制外在環境因素以刺激幼兒的學習（Day, 1983）。從整個潮流趨勢之演化而言，交易互動論與基於交易互動論之教學實務仍為目前幼兒教育的主流。

然而坊間的幼稚園由於社會高度競爭及家長過度期望心理作祟，造成智能掛帥的錯誤教學導向。誠如Elkind（1987）在其**《錯誤的教育：幼兒瀕臨危險》**一書中所指：父母、坊間幼稚園基於成龍成鳳、成「超級幼兒」（superkid）的心態，拼命提早填鴨灌塞的現象，比比皆是；以教導算術、寫字、認字技巧為目標，以枯燥乏味的記誦、練習為方法之「揠苗助長」學習方式，只有讓幼兒感到無力感，喪失學習動機，實叫人憂心忡忡。Elkind堅信「一盎司的動機等值於一磅的技巧」，動機與興趣十分重要，若無一絲的興趣與動機，就遑論學習了。他力言不能太早給與幼兒過大的壓力，應讓幼兒遊戲並在一個無壓力環境中發展，對幼兒而言，較為健康。這樣的觀點也為當代其他幼教有名學者所支持（Sigel, 1987; Katz, 1987; Zigler, 1987）。例如：Katz（1987）認為學校是獲得知識、態度、技能與情意的地方，而非僅以知識、技能為主。情意是指繼續完成活動的意向或興趣，教導不適於幼兒的學業活動，可能會損害了他對學習活動的情意，以及讓幼兒自覺不是個能幹的學習者。

針對坊間潮流的偏差現象，美國<u>全國幼兒教育協會</u>（NAEYC）

乃於一九八六年發表「適性發展的幼兒教育教學實務」（Developmentally Appropriate Practices in Early Childhood Programs，簡稱DAP）（Bredekamp, 1987），闡明幼兒教育應適符幼兒的發展年齡與重視個別差異之重要精神。其基本立論爲：⑴幼兒的發展是整體性的，其認知、情緒、社會、語文、體能發展是彼此相關、同等重要且共同發展的；⑵幼兒的發展是獨特的，沒有兩個幼兒是完全相同的；⑶幼兒的發展是循序漸進的，過去、現在與未來是連續交織的；⑷幼兒的學習是建構性的，他總是試圖去了解周遭的世界；⑸幼兒的學習最好是透過操作經驗、社會互動與反省性思考（Feng, 1994; Kostelnik et al., 1993）。基於以上觀點，此份文獻提供幼兒教育實務明確的指標，綜觀其內容，有關教師教學上有四大重點：

㈠教學目標

以培育完整幼兒（the whole child），使幼兒身心各方面均衡健全發展，並著重幼兒之個別性發展爲主要目標。

㈡教學內容

實施統整性課程，各領域統合兼重，包括：社會與情緒發展、語文發展、認知發展、體能發展、審美觀發展等。

㈢教學方法

以幼兒爲學習主體或中心，讓幼兒自發學習、遊戲中學習，其具體而微的作法爲：⑴準備豐富的學習環境，讓幼兒從中選擇、探索，並與人、事、物互動；⑵提供與生活經驗有關的具體學習活動；⑶教學活動應包括個別、小組活動與團體活動。

㈣教師角色

教師爲語言、材料的支持者，是促進學習者、引導者（有別於領

導者、主導者），刺激幼兒思考並能接受各種不同的答案。

　　自**全國幼兒教育協會**公布了適符幼兒發展的教育指導原則後，另有一些專業組織亦先後相繼發表他們對適符發展幼兒教育之聲明，舉例如下：**六歲以下幼兒南方協會**（The Southern Association on Children Under Six－SACUS）（引自 Charlesworth et al., 1990）、**國際兒童教育協會**（The Association for Childhood Education International─ACEI）（引自 Moyer, Egertson, & Isenberg, 1987）以及**國際閱讀協會**（The International Reading Association）（IRA, 1986）等，基本上均主張適性發展幼兒教育。適性發展教育（DAP）儼然已成為幼兒教育的指針，事實上它所強調的重點，諸如：以幼兒為本位的遊戲、經驗中學習以及統整性課程等，並不是新的口號，遠溯至福祿貝爾時就已珍視遊戲的重要性，杜威亦提倡設計對幼兒有興趣、統整各領域之單元活動，以組織課程。重視全人發展，實施統整性課程，並以幼兒為學習中心，讓幼兒在教師預備的豐富環境探索、遊戲，與人、事、物互動，自主建構，已成為許多幼教學者所共同認定（Beaty, 1992; Essa, 1992; Hendrick, 1992; Gordon & Browne, 1993; Gullo, 1992; Kostelnik et.al., 1993）。

　　我國為了健全幼兒教育，因應世界潮流，教育部於八十二年度始，開始實施「發展與改進幼稚教育中程計畫」，曾委託各師院辦理在職進修活動，並邀請幼教專家配合編寫幼兒教育研習資料（教育部，民82），以及編寫幼稚園教師手冊（教育部，民83a），修訂幼稚園評鑑手冊等（教育部，民83b），均為傳揚幼教新知理念，提倡以幼兒為學習主體之教學實務。以幼兒教育研習資料為例，其內容包括幼兒教育新趨勢、幼兒與遊戲，以及各領域教材法（如：數、造形、律動、語文等）；再以幼稚園教師手冊為例，其開宗明義篇即為幼教理念，其他重要內容尚包括課程編制、教材編選、教學活動、教學評量、親職教育等。至於幼稚園評鑑手冊之教保部分更提供了幼稚園教師以幼兒為本位的教學指針。

　　基本上，DAP是基於交易互動論，尤其是受皮亞傑建構主義的影響，認為幼兒是透過自主建構而學習的。近幾年來學界對Vygotsky的理論掀起風潮，尤其是後皮亞傑學派。具體而言，後皮亞傑學派與皮亞傑學派依筆者分析（周淑惠，民86b），在觀點上乃有如下差異：

㈠特定領域觀對一般結構觀

　　皮亞傑階段論揭示個體一生智能發展必經四階段，每一階段各有其不同「質」之思考結構，且此思考結構具有普遍性與廣被性，可適用於各領域，此乃皮氏之一般結構觀（general structure）。以學前幼兒階段為例，因其欠缺邏輯思考結構，因而在任何領域之能力均有所欠缺。而後皮亞傑學派持特定領域觀（domain-specific），認為每一個個體之發展在各個特定領域內是非常不同的，學前幼兒在其有豐富經驗之領域中，會顯示精進的推理模式（Inagaki, 1992）。

㈡認定幼兒能力對低估能力

　　正因皮亞傑持一般結構觀，學前幼兒欠缺邏輯思考結構，因而在各方面、各領域均是無能的，實低估了幼兒的能力。而後皮亞傑學派持特定領域觀，認為只要幼兒在具有豐富經驗、充足知識的領域內，其表現往往不遜於成人。

㈢漸進發展對突速晉升觀

　　依皮亞傑之階段論顯示，六、七歲是個關鍵點，關鍵之前的前運思期先天欠缺邏輯思維，在各領域知識與能力亦然；關鍵之後的具體運思期則突然具有邏輯運思，在「質」上已截然不同於前期。而後皮亞傑學者則持漸進發展論，幼兒的各項能力是從幼兒期就逐漸發展、日益增進的。

(四)社會建構論對建構論

　　皮亞傑學派強調知識是個體與外在環境互動所建構而來的，其重點是放在個體對其操作行動的省思。而後皮亞傑學派則認為皮亞傑之建構論將兒童描繪成一個獨立求知的科學家（Haste, 1987），忽略了文化社會層面對知識建構及兒童發展所扮演的角色。後皮亞傑學派也承認兒童必須與環境互動而建構知識，然而此一知識之建構是透過成人與兒童一起共同學習的。因此，在社會建構論，重點是放在成人與兒童共同工作；在建構論，重點是放在兒童與環境互動，為他自己活躍地建構知識（Fleer, 1992, 1993）。

(五)學習先於發展觀對發展先於學習觀

　　皮亞傑之階段論在教育上常被用來討論兒童是否預備好了（readiness），因為兒童的學習必須配合其現階段發展狀況；前運思期幼兒欠缺邏輯運思能力，在先天發展上受到限制，「發展總是學習之先決條件」，因此教學很難著力。而後皮亞傑學派受Vygotsky「近側發展區」理論的影響，認為在此區段中的能力雖尚未成熟，但是卻在成熟的過程之中，因此教學不僅要符合現有層次，而且也在創造兒童的近側發展區，「教學必先於發展」，以提升其認知發展層次。在此論點之下，教師角色變得十分積極，教師不能消極等待兒童進入完備狀態才施教；因此「鷹架教學」觀（Wood, Bruner, & Ross, 1976; Bruner & Haste, 1987：Fleer, 1993）被提出：教師在與兒童的互動中，運用各種策略為兒童搭構學習的鷹架，以發展兒童的潛能。

　　對Vygotsky學說研究的興趣與後皮亞傑學派的崛起引起學術界的注目，儼然形成一股風潮。基本上這些學者亦強調兒童建構知識的重要性，然更著重於教師的積極鷹架角色，以支持幼兒的知識建構。事實上，自DAP發表後，學界亦有不同聲浪出現（Kessler, 1991; Fowell

& Lawton, 1993），連全國幼兒教育協會也調整自己的立場。在一九九五年該協會所出版《實現潛能》一書中，主編者 Bredekamp 與 Rosegrant 指出，長久以來，幼兒教學實務充斥二極化特色，即以兒童爲中心的學習以及以老師爲主導的學習，於是編者將教學行爲視爲由「非教師主導」至「教師主導」的連續體，具有八種程度不同的教學行爲，認爲教師應視情境彈性運用這些教學行爲，完全依賴某一種教學方法將是無效的。編者亦特別指出該書許多作者都認爲Vygotsky的學習理論對構思教師角色是一個很有用的工具。

猶記得**全國幼兒教育協會、國際閱讀學會、國際教育協會**等單位於 DAP 發表不久後，曾聯合發表聲明指出充斥現階段的非適符發展語文教育之危機性（Hitz & Wright, 1988）。但於十年後的今日，**國際閱讀協會、全國幼兒教育協會**所聯合發表的「學習讀寫之適性發展實務」（IRA & NAEYC, 1998）又指出：幼兒讀寫成就的目標與期望，應是適性發展的，亦即在「成人充分支持下」，對幼兒而言是「具挑戰性，但可以實現的」，其所建議的教學方法與策略（見本書第參篇）已從強調幼兒建構的「全語文教學」取向，轉向加重教師角色的社會共同建構，並且不排斥其他多元教學方法。其基本立論爲：幼兒的語文發展是呈連續體狀漸進萌發，當幼兒試圖努力在口說與書寫語文欲達其發展潛能時，教師應意識此一發展特性，並認真「回應」與「支持」幼兒（Whitmore & Goodman, 1995）。換言之，針對幼兒所建構的有限制語文能力，教師應爲幼兒搭構學習的鷹架，助其更上一層樓。綜上所述，IRA 與 NAEYC 的聲明顯然是頗受 Vygotsky學說與後皮亞傑學派的影響（如：ZPD理論與鷹架理論），似乎幼教界與學界均漸漸受此風潮的影響，而傾向主張教師在幼兒建構過程中的積極性角色，並且強調彈性、多元的教學。至於有關培養完整幼兒的教育目標與實施統整性課程，則是共趨一致的主張。

4 創造力與教學

第一節　創造力的意涵與重要性

近年來，創造力在坊間各界與教育界非常流行。吾人以為，上章所述之統整性課程，不僅具有民主、彈性、開放、自主、解決問題的特質，在本質上也是個強調創意思考的創造性課程（creative curriculum）。

有關創造力之定義與標準各家不一，是持續爭論中的議題（Sternberg, 1996）。事實上，創造力一詞常與擴散思考力、水平思考力、解決問題能力、發明能力、聯想或想像力等混為一談。例如：Guilford（1985）指出，人類智力有五大類別：認知、記憶、擴散性思考、聚斂性思考、評鑑性思考，共有一百二十種能力，其中與創造力較有關係的即為與「擴散思考力」（divergent thinking）類相關的二十四種能力，它強調聯想力、想像力。Sternberg（1988）（引自毛連塭，民78）的「創造力三面模式」認為智力、認知思考風格、人格動機，三位一體交互作用的結果產生了創造力。晚近Sternberg（1996）提出了創造力「投資理論」（investment theory），認為有創意的人是願意而且也能在想法上「買低賣高」的人，並認為創造力需要六種相關資源的共同運作，這六種資源是智力、知識、思考型態、個性、動機與環境。

DeBono（1990）以「水平思考」取代傳統邏輯推理、順序性的垂直思考，即意指創造思考，它的特徵是感性、直覺性與非邏輯性。而郭有遹（民83）則認為解決問題與創造思考不可分，二者關係密切；創造是個體或群體生生不息的轉變過程，以及智、情、意三者前所未有的表現，其表現結果使人群或該創造領域進入另一更高層次的轉變。陳龍安（民84）歸納各家創造力定義，認為創造力是指個體在支持的環境下，結合敏覺、流暢、變通、獨創、精進的特性，透過思考的歷程，對事物產生分歧性觀點，賦予事物獨特新穎意義，結果使自己、他人滿足。筆者綜合各家定義，認為創造力意指「由無生有，或由某一狀態轉換至另一狀態的能力（人格特質）、過程與成果」（周淑惠，民87b）。舉例而言，洗衣機的發明，從雙手萬能（「無」機器）的狀態到發明雙槽脫水洗衣機，最後又升級到單槽全自動類型，其中涉及創造的「成果」、創造的「過程」，與創造者的「能力」、「人格特質」。

　　創造的過程乃從準備、蒐集資料開始，歷經主意的醞釀、發酵，以及突有靈感的豁然開朗階段，到驗證所思的最後定案成果，是歷程性的。創造者的人格特質通常是頗具童稚心、好奇心、想像力、冒險心與挑戰心，或甚而具有戲謔性的特質；創造者通常也具有敏感力、流暢力、變通力、獨創力、精進力等諸種創造能力。在這五種能力中，特別一提的是「變通力」與「流暢力」。流暢力是指在一定時間內產生成品（成果）的速率（數量），變通力則指產生創造性成品的類別（質類），屬轉換思考方向（類別）能力，亦即思考能彈性、不僵化於某一固定類型。例如：提到水桶的功用，它可以裝水、當尿桶、當垃圾桶、裝玩具積木、裝沙土種花、當菜籃用、反扣當椅子坐、當機車安全帽、當防禦用盔甲、當打擊樂器、當燈罩、穿繩踩在腳上用手拉走當玩具、串起數個當風鈴……。如果你所想到的功用有如前四項均為容器一類，那麼你的變通力就不高，以上所述功用涉及容器類、玩具類、樂器類、盔帽類、用品類等各不同類別，如果全是

個人在一定時間內的思考成果，那麼你的變通力就很高，當然你的流暢力也很夠，因為想到好多項（量）且好幾類（質）的功用。

變通力很重要，它除指物質實體的變通（如無足夠的椅子讓幼兒坐，以大小水桶反扣或大型積木替代），也包括心態意境的轉換。在現實的環境中往往不遂人意，需要心境的變通，塞翁失馬、焉知非福，有時調整一下自己的思考方向與情緒，說不定比原來你所盼求的還要好呢！心境變通力其實和目前社會上非常重視的「EQ」——處理自己情緒的能力，非常類似，乃相呼應。至於「獨創力」意指具有特色、與眾不同，正因為獨特不同於他人或產品，才具創造發明之真正意涵。好上加好、精益求精則是「精進力」之要義，是創造發明愈趨進步之源泉。無論是獨創力、精進力、變通力與流暢力，均涉及敏感力，亦即能敏覺細微之處，感於別人所未感，做質與量的變換。

創造力之重要性為何？為什麼人類要創造？著名心理學家Maslow曾提出人類有五大需求：生理、安全、愛與歸屬、自尊、自我實現，吾人以為，正因為人類必須滿足這五大需求，才有各種創造性產品或成果產生。例如：為滿足食衣住行各種生活的需求，發明了烤麵包機、果汁機、洗衣機、冷氣機等大小家電用品，火車、汽車、飛機等交通工具；為滿足性與愛的需求而生產各種性愛情趣商品與精緻禮品；為實現安全防衛的需求而創造了各式武器（如：電擊棒、槍枝等）與保全監控系統。在另一方面，很多的思想家、文學家則是為了自我實現而窮其一生著書立論，留下影響後世的巨擘。簡言之，人類之所以要創造，乃為解決生活中各種需求問題，就此而言，創造力與解決問題能力實無多大差異。

創造力與人類生活關係密切，無論是職業生活、婚姻與家庭生活，或休閒生活等，其物質層面（食衣住行等）、精神層面與人際關係層面等，均需運用創造力。以婚姻與家庭生活為例，舉凡：婆媳關係、親子關係、夫妻關係、每日物質生活內容（如：菜色變化、裝潢布置等）、精神寄託、信仰等，均須加注創造力於其中。士、農、

工、商、教育、影藝等各界人士的職業生活，亦是如此。以教師為例，同事、上司間的相處，每日例行公務的處理，每日教學工作（教材、教法），以及與幼兒互動等，均需創造力的潤滑。有關創造力對人類生活的重要性、功用與影響如下：

一、解決生活問題

人類之所以創造發明各種家電用品，主要是為解決人類生活問題，如：免於洗衣之苦的洗衣機、去除霉濕之害的除濕機。日常生活中的小創意也為生活帶來解決與方便之道，例如：以不用的絲襪裝肥皂屑塊掛於水龍頭，環保回收、省錢又方便使用；再如郊遊野餐沒有桌子，可用帶去的置物紙箱或反扣大水桶，上鋪以報紙，就成臨時替代性的桌子。運用創造力，確實可解決生活中的大小問題。此外，電視影集中的馬蓋先，也是運用其創造力與知識，解決生活中許多生命攸關的危機問題。

二、產生各種成品

創造力的運用解決了生活中的問題，當然也會產生具體可見的成品，對人類文明大有促進。例如：從傳統照相機歷經傻瓜相機、拍立得相機，乃至電腦發展後的圖片掃描器、數位照相機，或是掌上型攝影機、針孔攝影機等，均代表人類文明進步的軌跡。換言之，整部人類歷史就是一部創造史，當然成品不僅限於具體物品，像是提升精神層次的電視節目、藝術表演與藝術作品亦屬之。

三、促進人際關係

人際間的困境，有時靠一句幽默創意的話就能消弭暴戾，帶來和

樂，或是提供台階、化解尷尬；即使罵人、溝通也要有藝術與創意，方能竟事。舉例而言，有一位幼教老師過年時把春聯上下聯貼錯了，當被家長指正時，他回答說：「咦！你真的很關心我們的教學呢！我就想故意貼錯，看哪一位家長先發現，他一定特別關心我們。」這位老師不但自找台階下，化解了尷尬場面，而且也誇讚了該位家長。

四、讓生活多采多姿

創造力的運用或創意變化，讓我們的生活多采多姿，豐富了生活的內涵。例如每日菜單的巧思變化，色香味俱全，讓家人的食慾大增，吃飯變成快樂享受。又如婦女總是認為自己的衣櫥裡少了一件，若能巧於搭配、舊衣新穿，並善用飾物，不僅節省開支，且讓每天新鮮變化、愜意多姿。

五、讓自己快樂自信

創意變化、多姿多采當然帶來愉悅快樂的情緒，而且具有變通性人格特質的人不鑽牛角尖，在任何處境皆能調適、處理自己的情緒，怡然自得、快樂自信。此外，一個具有創造性人格特質的人，其言行詼諧有創意，到處受人歡迎，也增加自己的信心。

六、提升個人智能

當個人不斷運用創造力時，他解決了生活與人際問題，讓生活變得方便、舒適與多姿多采，因此不但快樂自信，提升 EQ，而且也提升了智能——IQ。刀不磨不利，創造力愈運用，智能與創造力就愈提升。

綜上所述，創造力的運用對人類之認知、情意、技能等各方面均有所貢獻，無怪乎各行各業均致力於提倡創造力，如：廣告界、商界、生產界、演藝界等，無不希望發揮獨特、創意，出奇制勝。未來世紀比當今之競爭性將更為激烈，生存幾乎同等於競爭，為脫穎而出，更須運用創造力以解決各樣問題。因此，在教育上，培育兒童之創造力乃為刻不容緩之務，提倡創造性教學是勢在必行之策。

第二節　幼兒創造性教學

創造性教學所奉皋的是開放、彈性與創意的教學原則。具體言之，無論是在教學目標的釐定、教學內容的編選、教學方法的運用與教學評量的方式，均強調彈性與多元化，不囿於刻板、窠臼與唯一最佳模式。在教學目標上，吾人希望除著重各領域全面發展以培養完整幼兒外，並重視幼兒個別性的發展；在教學內容上，期能統整涵蓋各發展／學科領域，並能做到師生共同設計，尊重幼兒的興趣；在教學方法上，至盼以激發幼兒創意思考為原則，並能彈性運用多元教學方法與策略；在教學評量上，深期能做到以信實評量為主的多元評量方式。無論是在教材的選擇、教具的運用、資源的採用與媒體的援用或教學策略上，均以開放、彈性為依歸，以期培養幼兒的創造思考能力。就此，創造性教學實為統整性課程的一體兩面，在第壹篇吾人論及統整性課程之實施基礎時，即強調提供開放的角落學習環境，實施多元彈性的教學與評量方法，並提供民主、支持氛圍的軟體環境，以容許幼兒運用多樣方式探索主題概念。同時創造性教學也與本篇第三章所述之幼兒教育的潮流趨勢相吻合。

實施創造性教學亦有其基礎，這些基礎與統整性課程的實施要件實不謀而合，茲敘述如下：

一、營造支持性的氣氛

教育即生活，在平日的教室生活中，教師要營造一個溫馨、支持性的環境。簡言之，即一個民主自由、百花齊放的環境，讓幼兒暢所欲言、勇於表現創造力。因此，教師親切、輕鬆自在的言行，甚而表現童心，就非常重要；此外，要常對幼兒的創意表現多所鼓勵，甚至自己也表現出創意的言行做為幼兒的表率，以營造一個充滿支持性的氣氛。

二、建立自由選擇的環境

建立一個具有各領域學習角落與充滿豐富多樣教材的教室空間，讓幼兒選擇所愛、自由探索，並揮灑表達，是絕對有助於創造力的發揮。此外，創造力高的幼兒通常也是比較頑皮、戲謔性高的小孩，教室中適度的自由與適度的容忍是必需的。

三、提供開放性的教材

教材豐富多樣，讓幼兒自由取用固然重要，但教材本身是開放性、低結構性，則更重要。開放性、低結構性的教材，諸如：紙張、黏土、水、積木、紙箱等，可以讓幼兒自行創意運用，多所發揮。此外，教師在教材的選擇上要表現變通性，如果沒有足夠的白紙可供幼兒揮灑，那麼回收的報表紙、背面的運用，或者是以粉筆在地面作畫代之，均可解決問題。

四、詢問思考性的問題

　　教師與幼兒互動時，應多發問些開放性問題，讓幼兒動腦思考，發揮想像力與創造力。諸如：爲什麼？有什麼方法？感覺如何？假如怎麼樣……會怎麼樣？除了這個方法外還有什麼方法？請列舉它的功用，這兩種東西有什麼不一樣或一樣的地方？如果沒有……，有什麼東西可以替代？事實上，很多問題的答案均不只有一個，而且標準答案一定「標準」嗎？這是值得深思的。

五、扮演低主導性的角色

　　在教學上，教師要開放自己，減少主導性角色，盡量少作示範，導致幼兒模擬，多一些空間讓幼兒創意展現。在幼兒進行主題探索時，多一些空間讓幼兒自我發現，甚而解決問題。在幼兒行爲問題產生時（例如兩人爭吵），多一些空間讓幼兒思考如何解決。

　　簡而言之，要實施創造性課程與教學，幼兒教師在教學、與幼兒互動、及個人行爲表現上，均要有彈性與開放性。貝多芬（背多分）、蔣光超（講光抄）式的教學絕不適用於幼兒園，要求「你要乖喲！」「乖！不要亂動！」「聽話！不要亂拿！」「照老師的話做，不要自己亂做！」可能不利於創造力的發展。甚而，教室常規或每日作息流程可能也要有變通性，因應時、地、人做彈性變化。這樣的創造性教學實爲統整性課程的重要精髓，二者相互輝映，同時它也與幼兒教育的潮流趨勢相吻合，基本上三者均強調培育完整幼兒，以幼兒探索爲主，兼採並用多元教學方法。

5 幼兒園教學實務

第一節　幼兒教學原則

　　幼兒園教學的對象是三至六歲的幼兒,與已能端坐課桌椅良久的小學生、中學生,無論在言語、思想、行為等各方面表現均有差距,因此,施用於幼兒階段的教學自然應有別於中、小學生。以講授為例,若教師滔滔不絕並未伴隨合宜的肢體動作,或輔以具體教具、半具體圖片,許多幼兒可能不知所云,早已淹沒於教師的口水中。即使講述伴有動作或具體物,若持續二十分鐘以上,恐怕教室中所呈現的是一群蠕動不已的「毛毛蟲」,甚或打鬧、喧囂一片。故幼兒園的教學一定要考量教學對象─幼兒的身心發展狀態。由本篇第三章「幼兒教育之趨勢與理念」與第四章「創造力與教學」,以及幼兒的發展特性,吾人不難歸納幼兒的教學原則有六:

一、經驗化

　　教學應盡量提供具體或真實的經驗,一方面有助於幼兒理解,一方面往往經驗過的事物會留下深刻的印象,有助於記憶保留。從經驗中學習,並與個別經驗連結,對幼兒而言,將是最珍貴也是最有意義

的學習。例如:「昆蟲」主題,教師安排捕捉蝴蝶、觀察螞蟻或飼養毛毛蟲等活動;「好玩的水」主題,幼兒噴灑水柱、實驗水壓、打水仗、裝瓶賣果汁(色水)、踩水花等。以上這些經驗真實而具體,且或多或少幼兒均有一些舊經驗為之參照,因此易懂、也極為有趣,並會在心中烙下深刻而持久的記憶。相反地,若教師僅講述蝴蝶的構造、生活方式,或水有壓力,水無色、無味、無固定形狀,則有如隔靴搔癢,不夠具體,難以理解,也無興趣。

二、生活化

學習要有情境意義,最好能與生活結合,從生活中學習,並運用於生活之中,這種學習是最真切、自然的,因為知識彷彿生活中的切身相關事務或芝麻綠豆般問題,而非抽象符號所構成的「天書」。例如:自然科學概念的學習,槓桿原理可以由乘坐蹺蹺板、使用剪刀而體會;磁鐵吸附力概念可以由觀察教師張貼圖片於白板或冰箱而體驗。再如:數量概念的學習,唱數可以藉由爬樓梯數階梯而學到;加減連算概念可以由早晨團討時間點數出缺席人數而獲得;除法概念可以由數人分享橘子、披薩而理解。

三、具體化

幼兒的教學也盡量要做到具體化,運用具體教具或實物以增進幼兒理解。因為前運思期的幼兒難以完全做抽象思考,而教具或實物可以說是一種中介基模(intermediary schemata),其功能如同橋樑般,對於連結具體與抽象概念的確很有幫助(Ginsburg & Yamamoto, 1986)。例如:教師在說故事時,輔以自製的棒偶人物,幼兒很容易就被帶入故事情境之中。再如:教授加減運算概念,若能輔以可數算的小動物模型、立體小方塊等,幼兒可自行操作,不僅促進概念理

解，且可激發幼兒學習興趣。

四、遊戲化

遊戲是幼兒的生命，也是主要的學習方式，根據研究，遊戲可以促進兒童各方面發展已是無庸置喙的（Johnson, Christie & Yawkey, 1987; Smilansky & Shefatya, 1990）。在此所謂之遊戲有兩種方式：一種是指幼兒能自由選擇學習區域的角落遊戲，一種是教師設計各種操作（教具）性遊戲或團體遊戲。角落遊戲的先決條件是教師規畫、布置學習角落，並允許幼兒自由選擇與探索各種操作遊戲，如：紙卡遊戲、棋類遊戲等，容許幼兒獨自或合作遊戲。團體遊戲通常是指團體一起進行的遊戲，例如：釣魚遊戲，乃運用磁鐵釣起正面有數字、背面有迴紋針的魚卡，並計算各組得分；又如：體能遊戲、兒歌律動等。

五、創思化

創思化意指教學要盡量激發幼兒的創造力、解決問題與推理能力；而且亦指教師本身的教學也要富有創思取向，即多嘗試多元教學策略與方式，多表現創意於各種教學活動中，不要窠臼與刻板經驗。要激發幼兒的創思能力，首先教師必須預備一個民主溫馨的軟體學習情境，並以開放性問題鼓勵與引導幼兒勇於創造思考；當然硬體學習環境也要豐富具多樣刺激。

六、多樣化

幼兒的教學要多樣化。首先，在教學型態上應兼採團體活動、分組活動與學習角落的自由探索活動，讓幼兒能獨立探索學習，也能與

人合作或交流活動。其次，在教學場地上不能限於室內，戶外也是很好的處所，尤其是對主題的探索，戶外教學更不可免。至於教學方法也要多樣化，應彈性運用講述、討論、角色扮演、團體遊戲、觀察、操作、實驗等方法。最後，教學多樣化還包括教學媒體的開放使用，如：電腦、計算機、投影機、幻燈機、教材提示機、電視、錄放影機等。尤其在電腦與生活緊密結合的今日，將電腦整合於課程中，已成為教學趨勢（李文政、周淑惠，民88）。

　　吾人以為，幼兒的教學要盡量趨向經驗化、生活化、具體化、遊戲化、創思化，以此為取向，並且要能多元運用，不能偏執某一教學方法。幼兒是一個完整個體，身為一個個體，自然有其個別差異性，其個人經驗、發展表現、學習型態互不相同，並非所有的幼兒均適用放諸四海皆準的唯一方法。本篇第三章「幼兒教育之趨勢與理念」曾提及Bredekamp 與 Rosegrant（1995）將教學行為從極端的教師主導至另一端的非主導型態作連續性劃分，形成：指導、示範、共同建構、搭構鷹架、支持，促進、身教、贊同等八種不同程度的教學。他們強調任何一種教師角色型態在某些時候均是合宜的，如果完全依賴某一種教學策略，其結果將是無效的。此一觀點頗為吾人所贊同。

第二節　幼兒教學型態與方法

　　本節敘述幼兒園常用的教學型態與教學方法，以茲參考。

一、教學型態

　　幼兒園的教學型態大致上有三種：團體活動、分組活動、個別角落活動。基本上，這三種活動型態各有其作用，應均衡運用，盡量避

免全天候的全班性團體活動或其他單一類型活動。值得注意的是，幼兒有個別差異性，著重幼兒的個別性發展是極為重要之務，然幼兒教師卻常忽略個別角落活動，實頗值深思。此外，轉換活動在幼兒園經常發生，亦敘述如下：

(一)團體活動

意指全班幼兒共同進行一致性的活動內容的活動型態，無論是採用教師講述、示範，或師生共同討論、分享，或全體進行團體遊戲、律動、體能活動、實驗等。基本上，團體活動時，教師的主導性通常較強，活動也較具結構性。例如：一早來園時全班圍坐進行早安問候、點名、介紹當日活動內容或說故事等，或者是教師師引導全班討論、分享與主題相關的資訊；再如：教唱與主題相關的兒歌、律動，或進行遊戲、戲劇活動等。值得一提的是，有時教師為了方便指導與考量有限的教材，也會將全班分成幾個小組，如：科學實驗活動因器材只有三份，全班分成三桌進行，這種雖然有分組形式，但各組所進行的活動內容一致，仍屬於團體活動。

(二)分組活動

意指將全班幼兒分成不同的小組，而每個小組所進行的活動內容並不相同。分組活動時，教師的主導性通常次於團體活動，幼兒之間的互動比團體活動要來得多。一般而言，分組活動有兩種方式，一種是教師「指定分組」，教師針對幼兒的興趣、能力層次，特意設計內容不同的組別活動，指定幼兒至各個不同組別，這是補救教學常運用的策略；另一種是「自由分組」，幼兒可依個人興趣與能力選擇喜愛的組別進行活動。有時教師也會採用「輪流分組」方式，讓所有幼兒都有機會進行各種不同的活動。大致而言，分組活動較全班團體活動能滿足幼兒的差異性。分組活動的實例，如教師將全班分成三組，一組進行卡片製作，一組進行科學實驗，一組則為操作益智性教具。

(三)學習區活動

　　學習區活動意指幼兒在規畫有多樣學習區域的開放教室中,可依個人興趣與能力,選擇自己所欲的學習區域,進行個別探索活動。基本上在學習區時段,幼兒是自主的,他可以選擇「學習類別」,如:建構、練習、扮演或操作教材教具;也可以選擇不同種類的「社會接觸」,如:獨自遊戲、合作遊戲、平行遊戲等;甚至亦可選擇學習時間的長短。教師的主導性質低於分組與團體活動。

　　通常學習區又稱之為角落或興趣中心,在幼兒園常設的學習角落有圖書角(語文角)、創作角(美勞角)、益智角(小肌肉操作角)、扮演角(娃娃家、家事角)、積木角、科學角等,幼兒可從不同的面向來探索主題概念,但教師必須先規畫、布置豐富且多樣的學習角落,以吸引幼兒探索動機。教師在角落中的角色可以是觀察者(觀察幼兒活動,以決定進一步所扮演的角色)、提供者(提供幼兒遊戲探索所需的教材教具)、引導者(以對話、問題刺激幼兒思考,引發高層次遊戲行為,或鼓勵幼兒,引導幼兒走向所欲目標)、甚而是參與建構者(共同參與幼兒的遊戲)。

(四)轉換活動

　　幼兒有特殊需要,如:如廁、點心,以及不同活動間,均需有一過渡轉換的時間。轉換時間可讓幼兒平順地銜接不同類型活動,讓動靜之間得以平衡順暢。轉換活動可以是個別的、小組的,也可以是團體的。例如:幼兒在分組活動中進行速率不一,教師容許先完成的個別幼兒至圖書角閱讀喜愛的圖書,以免其無聊鼓譟而影響他人完成活動;再如戶外活動歸來,幼兒心浮氣躁,教師讓全班幼兒趴於桌上聆聽輕柔音樂以幫助其休憩沈靜、轉換身心;又如團討活動後等待老師分配點心時,教師為避免幼兒等待,請幼兒一起同聲吟唱手指謠或詩詞。

二、教學方法

　　幼兒園常用的教學方法不外乎：講述、討論、實驗、觀察、遊戲、操作等，茲分別敘述如下：

(一)遊　　戲

　　遊戲在幼兒園是最普遍運用的教學方法，也是幼兒最喜歡的方式，若善加利用，則幼兒的學習是愉悅、持久的。遊戲通常有二種形式：一種是在各個學習角落的自發性遊戲，諸如：在娃娃家扮演，在益智角玩牌卡遊戲、建構小積木，在美勞角創作等；另一種是教師指導的團體或分組遊戲，包括體能遊戲、戲劇扮演、律動遊戲、兒歌手指謠教唱或有競賽性的遊戲等。

(二)操　　作

　　操作教具在幼兒園也常採用，如全班操作數學積木以學習數量概念；或分組操作美勞用具以創作卡片、雕塑等；或在學習角操作不同領域的教具，如：語文角的布偶、益智角的拼圖、娃娃家的錢幣紙鈔等。幼兒的學習是具體、直覺的，因此操作在幼兒園是極為必要的。吾人以為教具可以創意設計與開放使用，讓幼兒發揮想像力與創造力。

(三)講　　述

　　講述教學是以某一特定主題為中心，做有系統、有組織的口頭教學，它也是應用最久、而且被廣泛使用的一種基本教學原則（黃政傑，民86）。在幼兒園的講述常配合具體實物或教具、圖片以輔助其講述內容，讓抽象的概念能具體傳達。有時講述也常與示範一起運用，如教師在講解如何製作拓印時，常一面講述，一面示範細節步驟。值得注意的是，有時幼兒教師經常會藉用敘說故事的方式，讓深

奧的概念以活潑生動的方式呈現，或講述與說故事方式並用，因說故事仍爲口語敘述，故歸於「講述」類別中。

四討　論

在幼兒園，所進行的教學主題經常透過團體討論的方式，讓幼兒發表、分享經驗，有經驗的教師常將講述、討論交相並用，一面講述、一面詢問幼兒經驗與意見。從討論中教師可了解幼兒的興趣與舊經驗，做爲規畫課程的依據。極爲重要的是，對幼兒而言，靜態的講述或討論活動盡量不要超過二十分鐘以上，對於小班幼兒，十至十五分鐘是最大極限。討論活動有時與學習分享活動結合，教師在分組或學習角活動之後，通常會安排分享（討論）活動，讓幼兒口語發表其學習成果或分享呈現其作品。

五觀　察

在幼兒園也常進行觀察活動，例如：在科學角觀察昆蟲，或進行科學實驗時的觀察，或校外教學進行大自然與社會性的觀察活動。觀察是運用我們的感官去獲取事物與事件的訊息，是獲取第一手資料與知識的直接方法，是進一步做推論的基礎，可以說是最基本的「科學程序能力」（scientific process skill）。因此，教師應鼓勵幼兒於觀察事物時運用愈多的感覺愈好──看、聽、摸、聞、嚐（即五覺也）。當觀察開始進行時，教師應以問問題的方式給予幼兒觀察的焦點來引導其思考。此外，觀察時，常涉及觀察結果的記錄。有時觀察會與調查、訪問並用以蒐集資料，在採方案教學的幼兒園經常有機會讓幼兒調查、訪問。

㈥實　驗

在幼兒園有時會進行實驗性活動，讓幼兒有機會觀察、操作，尤其是自然領域的活動。但是幼兒園的實驗性活動常流於教師講解示範，幼兒模仿照做，完全沒有歷經推論、預測、溝通等的科學程序能力過程，這是頗值深思與改進之處。

不同學科領域雖有其偏重的教學方法或策略，但基本上，吾人以為各種教學方法均應「彈性地」被「兼採並用」，不可偏執或偏廢某一種教學方式。因世上無一最佳模式，而且幼兒也有其個別差異性，其發展、學習型態、興趣等均不相同。此外，各種教學方法也應「創意地」被運用，例如：講述法配合肢體動作與輔助教具也可以設計得很生動活潑；又講述後再配合幼兒肢體扮演，更能引起學習動機與深植幼兒記憶；再如遊戲的設計也可發揮創意，例如：兒歌、手指謠可讓幼兒自行改編、替換歌詞，遊戲規則也可讓幼兒創意自訂，戲劇扮演不妨讓幼兒決定劇情與裝扮，以發揮其想像力與創造力，傳統的模仿律動也可改為幼兒創造性律動。至於觀察與實驗，則應讓幼兒經歷「科學程序能力」，教師以各種問題引導幼兒推論、思考。操作性教具更可創意設計並讓幼兒開放使用，不拘泥特定使用方式，以發揮其創意。總之，創造性教學是幼兒統整性課程的主要精神，如何創意地教學與發揮幼兒的創造力，成為幼兒教師的重責大任。

第參篇

幼兒智能領域課程
——認知與語文

　　第參篇至第伍篇依次為智能領域課程篇、心靈領域課程篇、體能領域課程篇，涵蓋了幼兒生理（身）、心理（心）、智能（腦）三大發展領域方面的課程，身、心、腦正好構成一個完整個體所不可或缺的三大部分，形成一統整性課程。語文是心象的表徵，語文發展亦反映心智發展，語文與認知共同構成智能領域，本篇「幼兒智能領域課程」旨在探討幼兒智能領域方面的發展概況與如何透過課程促進幼兒心智領域的發展，共計三章。第六章著重在幼兒認知與語文領域發展概況，第七章則探討該領域各學科教學內容，包括數學、自然與語文，第八章則探討該領域各學科當代教學趨勢與教學策略。

6 智能領域發展概況

　　本章共計二節，旨由學理及研究觀點，分別敘述幼兒認知領域與語文領域的發展概況，以作為課程設計之依據。

第一節　認知領域

　　「認知」是最高級的心智活動；簡言之，就是個體學習、記憶和抽象思考的能力，亦即獲取知識、解決問題的能力。認知技巧包含甚廣，諸如：分類、序列、空間關係、時間、數目、探究、表徵等。在探究兒童的認知發展時，雖然吾人較感興趣的是兒童「知」的歷程 ——「如何知」，即兒童是如何獲得、組織與運用知識的，吾人亦應知悉兒童所知的內容是什麼 ——「知什麼」。本章節即著重於「知什麼」，本篇第八章智能領域教學趨勢與策略，將會論及幼兒「如何知」。

　　對兒童認知發展理論最有貢獻者，首推瑞士認知發展心理學家皮亞傑（Jean Piaget）。皮亞傑的階段論乃揭示了兒童認知發展經歷思考結構性質迥然不同的四階段：感覺動作期（○至二歲）、前運思期（二至六歲）、具體運思期（六至十二歲）、形式運思期（十二歲以後）。此四階段在發展上具有不變的次序性（invariant sequence），每一個人均會遵循此一順序而發展。且每個階段各有其獨特的智能結構（Piaget, 1963），尤其是學前幼兒所處之前運思期，在思考結構上

更爲截然不同。基本上，前運思期幼兒之思考有幾個特徵：焦集化（centering）、注意最終靜止狀態而非中間的轉換過程（states vs. transformation）、無法逆向思考之不可逆性（irreversibility）（Ginsburg & Opper, 1988）。焦集化是指幼兒的注意力多焦集於最顯著的向度，無法同時考量、協調各個面向，而與焦集化有關的是「自我中心」的特徵，幼兒無法同時考量不同人的觀點。由於以上特徵，幼兒在各種「守恆」（「保留」）等實驗中無法看出邏輯上之恆同不變性（invariance），或真正理解與邏輯有關的分類、序列、因果關係等概念。

　　皮亞傑之階段論揭示了前運思期幼兒在發展上的限制──在發展階段屬於「前邏輯期」（Piaget & Szeminska, 1952），無法做邏輯運思。而數學的本質就是邏輯關係，根據皮亞傑之說，數學概念的發展與邏輯概念的發展是相生相隨的（goes hand in hand）；因此，基本上他認爲學前幼兒受邏輯限制，在數學上是「無能的」（Baroody, 1992），即使他能唱數、計數也是記憶背誦而已，或是能做簡單的加減運算，也非真正的理解。正因爲他持「一般結構觀」，認爲每一個階段的思考結構具有普遍性與廣被性，廣及於各知識領域；學前幼兒由於欠缺邏輯思考結構，因此不僅在數學上是無能的，在任何領域之能力都有所欠缺，似乎有低估幼兒能力之虞。

　　近年來有些認知心理學家或後皮亞傑學派發現幼兒的認知能力乃超乎皮亞傑所認定的，幼兒並不是沒有邏輯、知識的小人兒（柯華葳，民84）。有相當多的學者認爲皮亞傑所用的研究方法導致其低估或錯認兒童思考的本質（Wood, 1988），只要是以幼兒易懂之圖片排列、具體操作方式取代抽象思考的口語式回答，幼兒的因果關係思維表現較佳（Berzansky, 1971; Schmidt & Paris, 1977; Gelman, 1979）。或者是施測內容或方式對幼兒而言是有意義、可理解的情境，那麼幼兒的表現是超乎皮氏所認定的。例如：Donalson（1978）以「警察與娃娃捉迷藏」實驗取代皮氏傳統之「三山」實驗，讓幼兒深入遊戲情境、感受其意義，結果發現90%的三至五歲幼兒能遠離自我中心，思

考如何不讓娃娃被警察看到，亦即具「觀點取代」能力。

　　幼兒的確具有邏輯運思，以「邏輯分類」而言，當前有許多研究發現幼兒在很小的時候（五歲以前）就具有分類能力（Watson, Hayes & Vietze, 1979; Case, 1986; Sugarman, 1981），然而皮氏卻認為幼兒在五歲以前根本不會分類，只會聚集一些圖形，例如：彼此分離的小線列、集合體、複雜體等（Piaget & Inhelder, 1964）。研究亦指出，學前幼兒具有「邏輯排序」的能力，比皮氏所認定的年齡表現還要早（Brainerd, 1974; Koslowski, 1980）。Case（1986）更發現學前幼兒具有「逆向思考」的能力，而皮氏認為前運思期幼兒在思考結構上與具體運思期幼兒最大的差別，乃在於前者欠缺逆向思考能力。

　　幼兒不僅具有逆向思考、因果關係思考、觀點取代等邏輯思考能力，也具有驚人的數學能力，這些數學知識是無人教導的，是幼兒自己建構發明的。Ginsburg（1989）與Baroody（1987）將其稱之為「非正式算數」（Informal Arithmatic），並認為它是幼兒期最大的成就之一，而這種早期算數認知的發展是普遍存在、超越種族文化限制的（Klein & Starkey, 1988）。Ginsburg（1989）綜合文獻研究，將非正式算數歸納成三大類：(1)多少、序列與同等；(2)唱數與計數；(3)實用算數。以計數為例，Gelman等人的一系列研究（Gelman & Gallistel, 1978; Gelman & Meck, 1983, 1986, 1992; Gelman, Meck & Merkin, 1986; Greeno, Riley & Gelman, 1984; Gelman & Greeno, 1989）顯示，三歲的幼兒就能理解計數實物的概念與原則，這些原則包括固定順序原則、一對一原則、基數原則、抽象原則與次序無關原則。再以「實用算數」為例，幼兒能不假他人教導，自行建構具體解題的計算策略，諸如：「計數全部」（counting all）、「接續計數」（counting on）、以及「從較大數目那組的數目接續計數」等各種策略（請詳見周淑惠，民84-87c）。

　　基本上，以上這些認知心理學家及後皮亞傑學派（Post-Piagetian）與皮亞傑學派對幼兒認知發展觀點的差異，主要在於後皮亞傑學派持

「特定領域觀」，有別於皮亞傑的「一般結構觀」。他們認爲每一個個體之發展在各個特定領域內是非常不同的，學前幼兒在其有豐富經驗之領域中，會顯示精深的推理模式（Inagaki, 1992）；只要幼兒與成人在某一特定領域內具有相當的經驗與知識，二者間之運思與知識建構並無區別，如許多幼兒是小小恐龍專家，比成人更具恐龍知識與相關推理能力（Chi & Koeske, 1983）。這也可以理解爲何許多位於轉型期的幼兒能保留數目的不變性（具數目持恆能力），但卻無法同時保留重量之不變性（不具重量持恆能力）；因爲幼兒生活中注意到數量機會顯然比注意到重量機會還要多，即幼兒之數量經驗多於重量經驗，因而有助於數目保留能力之表現（Resnick & Ford, 1981）。正因爲持特定領域觀，後皮亞傑學派比較認定幼兒的能力，且認爲幼兒的能力是漸進發展，始於微弱、有限制，繼而日趨成熟。例如：三至九歲幼兒預測天平的哪一邊會下降，其所採策略始於年幼期的注意知覺外觀重量，繼而知曉計數砝碼，爾後意識到砝碼離支點的距離，最後抵能同時統整考量外觀重量、砝碼數目、砝碼離支點距離三向度策略之境（Case, 1986）。又有關幼兒的觀點取代能力亦隨著年齡增長而發展愈臻良好，而非展現全有或全無該項能力的現象（潘慧玲，民84）。

　　綜上所述，學前幼兒在認知領域具有邏輯思考能力，在數學上有一些概念理解與建構思考表現，在自然科學方面亦能作因果思考與推理思考，尤其是在其具有充分經驗的領域內，其認知表現更爲驚人。只不過這些能力是漸進成長的，如何提升它與轉換它，乃成爲重要的課題。

第二節　語文領域

　　語言是一種表徵（representation）心象的能力，幼兒的語言乃在述說其在環境中理解與知覺之事物，語言的發展即反映其認知發展。因此，若依據上述皮亞傑之幼兒認知發展論，前運思期幼兒是非常自我中心傾向的，以自我來思考事物，無法做到角色（觀點）取代，即從注意自己轉移至對方聽者立場，推斷他人想法與感受。如是，有效的溝通對話、社會化語言似乎在學前期不太可能。事實上，誠如上節所述，目前的研究已證實幼兒能遠離自我中心，作觀點取代（perspective taking）思考（潘慧玲，民 84；Donaldson, 1978； Tizard & Hughes, 1984，引自 Dyson & Genishi, 1993），常顯現「社會中心」（socio-centric），而非「自我中心」（egocerntric）的現象（Garvey & Hogan, 1973）。根據研究顯示，四歲幼兒已能察覺他人之不同立場，並視不同年齡之聽者而因應調整其談話內容（Shatz & Gelman, 1973，引自黃瑞琴，民 82）。幼兒不僅能展現上述因應不同情境之有效溝通的「語用」（pragmatics）技巧，而且也是一個「語法」探索者（grammar explorers），能組字成句（如一字句、二字句、甚或更複雜的句子）（Brown, 1973; Gerhardt, 1989; Bellugi, 1988）、敘說故事（Dore, 1989）。無疑地，在語言發展上，幼兒是一個「社會探索者」（social explorers）（Cazden, John, & Hymes, 1972; Corsaro, 1985），他會試圖去了解周遭所聽到的語言，找尋規則，形成假設，並說出來測試看看，即從環境所提供的訊息中，自行建構文法和語句（Ferreiro & Teberosky, 1982；Goodman, 1990）。「過度類化」的現象即顯示幼兒試圖把所聽到的字彙、語句、規則放在一起，建立自己的語言規則。

　　從發展的角度而言，幼兒的語言發展始於甫出生時對聲音、音調的注意，歷經「發聲期」（約三、四個月至十二個月）的喃語、牙

語，「字彙發展期」（約十個月至十八個月）的「一字句」（如「吃」代表他想要吃糖），「句子發展期」（約十八個月至三歲）由二字句（如「爸—走」代表他想要爸爸帶他出去走走）或三字句組成的「電報式語句」（如爸—走—買），到最後「語言擴展期」（約三至五或六歲）的字彙大量增加，語句中的字彙於五歲時可達六到八個字，並能邏輯地組合句子，但句子的組合卻常有過度類化的現象發生（Gordon & Browne, 1993）。根據研究，一歲半約能說出22個字，二歲約272個字，二歲半約446個字，而三歲時是幼兒一生中字彙量增加最多、最快的時期。

　　從以上發聲、字彙發展、句子發展至語言擴展的發展過程中，以及幼兒語言的表現，吾人可以發覺幼兒語言發展的三個重要特質。第一個特質是，隨著發展，字彙驟然增加；第二個特質是「幼兒不只是模仿，而且也創造語言」；第三個特質是，在幼兒語言發展過程中，他逐漸探索並大致掌握了語言結構——語音、語法、語用、語意。

　　幼兒不僅在「口說語文」（oral language）的聽與說有其驚人的表現，在「書寫語文」（written language）的讀與寫亦有長足的發展。幼兒自小不僅生長在一個充滿口語互動的世界中，而且也生長在一個充滿「環境文字」的世界裡，例如：街道招牌（如麥當勞、王小兒科等）、包裝文字（如乖乖、老虎牙子等）、海報標語（如租屋、神愛世人等）、電視文字（如中視新聞、還珠格格等）；再如：圖畫故事書、報紙、廣告DM等，也都是環境文字的一部分。誠如Nelson（1985）所言，印刷文字（print）是幼童每日生活劇本的一部分，他閱讀環境文字、理解文字的溝通功能、並隨性自創發明文字形式等，於是讀寫能力在很自然的情況下萌發了，此即所謂的「讀寫萌發」（emergent literacy）。根據研究顯示，學前幼兒會運用與文字中所聽到的字音相關的符號去表現書寫形式（Read, 1971），如：以bk代表bike（腳踏車）。國內李連珠（民81）的研究亦發現學前幼兒已展示中國文字概念，並嘗試使用各種符號，去表達不同意義的文字形式，

這些符號包括傳統中國文字、圖畫、注音、數字等，整體看起來，大多數幼兒之書寫文字形式類似中國文字結構。前述口說語文部分，幼兒能建構文法語句，在書寫語文方面，幼兒會自創拼字（invented spell-ing），此現象正好與上節所述幼兒在無人教導下能自己建構「非正式算術」的現象相呼應，足見建構是幼兒學習非常重要的方式，而且也足以證明幼兒的認知能力是超乎皮亞傑所認定的。

IRA與NAEYC（1998）所頒「學習讀寫的適性發展實務」指出：兒童的讀寫發展是成連續體狀日益增進，而非全有或全無狀態，但是卻顯現個別差異性，很難指出某項能力之正確發展時間。基本上，學前的孩童是由第一階段（約幼稚園前）的「知覺與探索」晉升至第二階段（約幼稚園）的「實驗讀寫」；至小學則依次進入第三階段的「早期讀寫」、第四階段的「過度讀寫」與第五階段的「獨立產生讀寫」。第一階段學前期幼兒「知覺與探索」的特徵為：(1)享受聽故事與討論故事的樂趣；(2)理解印刷文字有其傳達的意義；(3)嘗試讀寫的企圖；(4)指認環境中的標語文字；(5)參與聲韻遊戲；(6)辨識一些字母以及配對一些文字與字音；(7)使用已知的字母或類似字母的符號去表達書寫文字，特別是對他們有特殊意義的文字，像自己的名字以及像「我愛你」等語詞。第二階段幼稚園小朋友「實驗讀寫」的特徵為：(1)享受成人對其出聲閱讀，與自己重述簡單的故事或資訊文段；(2)運用描述性語言去解釋與探索事物；(3)認識字母以及連結字母與聲音；(4)熟悉音韻與簡單字音；(5)了解左至右與上至下的文字方向以及熟悉印刷文字的概念；(6)連結字音與文字；(7)開始書寫字母與常用的字。

綜上所述，幼兒無論在口說語文或書面語文方面，均有相當能力表現，不愧為主動建構者。誠如Goodman與Goodman（1990）所言：「語文是個人在其社會性使用情境中被發明的」，學習語言和書寫都是在社會情境中，為了溝通，乃透過尋求規則、假設、試驗、修正等程序而學到的。然而，值得注意的是，人類的語文發展既是一個個人的內在建構，同時也是一種順服整個社會共享傳統的形式。幼兒雖能

建構發明自己的語文，但最後還是必須依歸於社會中傳統的語文形式。因此，語文的發明經常被視爲個人試圖表達自我與尋求意義，另一方面，社會也會將兒童所建構的語文推回至社會共享的傳統語文中（Whitmore & Goodman, 1995），於是「兒童的語文最後又適應了社會的傳統形式」（Goodman & Goodman, 1990）。

　　總之，無論是任何文化背景的幼兒在入小學前，均已懂得很多的語文了（Ferreiro & Teberosky, 1982; Whitmore & Goodman, 1995; Harste, Woodward & Burke, 1984; Dyson & Genishi, 1993），其語文能力是由自我建構開始逐漸移向符合社會傳統的連續發展過程（Goodman & Goodman, 1990），而且身處於充滿語言互動與環境文字的生活環境中，幼兒之各項聽、說、讀、寫語文能力是同時共生、彼此激發而統整發展的，而非「先聽說再讀寫」的發展模式。

7 智能領域教學內容

認知領域包含甚廣，各項認知能力往往透過數學、自然、語文等學科課程結構加以培養與發展。其教學內容茲分別敘述如下：

第一節　自然領域

幼兒自然科學領域包括四大主題：植物、動物、自然力量與生存環境，下圖 7-1 即為幼兒自然科學概念網絡圖，顯示自然領域的教學內容。

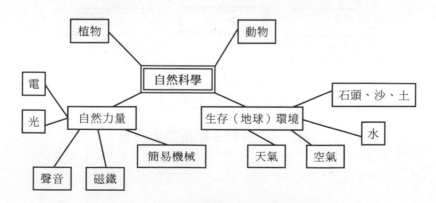

圖 7-1　幼兒自然科學概念網絡圖

一、植　物

　　植物是幼兒環境中最熟悉的事物，不但每天所見有植物（如室內盆景、公園植株、遊戲場大樹等），而且也食用各種植物（如蔬菜、水果等）。進行植物主題的探討對幼兒而言，有相當的舊經驗可做學習的參照點，且易於理解。適於幼兒探討的植物基本概念如下（見下圖 7-2）：

　　㊀植物種類繁多，其外型特徵不同。

　　㊁大部分植物具有根、莖、葉、花等部位，各部位功能不同。

　　㊂植物是生物，大部分植物之成長需要水、陽光、空氣等。

　　㊃大部分植物會製造種子，並以種子繁殖後代。

　　㊄有一些植物以根、莖、葉、孢子繁殖。

　　㊅植物對人類有許多功用（但也有一些害處）。

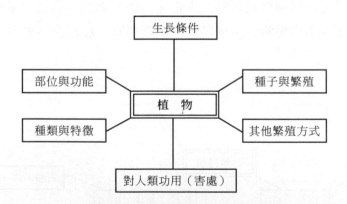

圖 7-2　植物主題概念網絡圖

二、動　物

　　後皮亞傑學派認爲幼兒具有一些先天的認知結構，可以促進學習，如生物，因爲幼兒可以用自己的例子加以推論印證，所以動物、植物這些易學易懂的領域應是幼兒科學探索的出發點。幼兒對於小動物天生具有好奇心與情愛表現，不少幼兒家中有貓、狗、兔等寵物或飼養金魚、鳥、烏龜的經驗，進行動物主題的探討對幼兒而言，是最有具體經驗且最富於興趣之事。適於幼兒探討的動物基本概念如下（見下圖7-3）：

　　㈠動物的種類繁多，其外型特徵不同。

　　㈡各種動物移動身體方式不同。

　　㈢各種動物所需食物不同。

　　㈣各種動物所居環境不同。

　　㈤各種動物繁殖後代方式不同。

　　㈥各種動物成長變化有所不同。

　　㈦動物對人類有許多功用（但也有一些害處）。

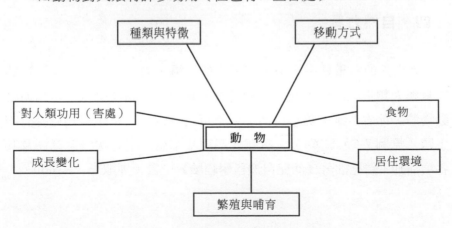

圖 7-3　動物主題概念網絡圖

三、生存（地球）環境

　　人類生存於地球之上，被空氣、水、陽光、土壤所包圍，亦仰賴以上這些生存要件為生，整個地球生存環境對人類實在太重要了。而且水、陽光、土壤對幼兒而言到處可見，非常具體、易於探究，幼兒均喜歡玩沙、玩水、享受陽光或製造影子。近年來，各國科學課程之發展趨勢，除仍強調科學探究外，更著重科學─科技─社會（Science, Technology, Society, STS）三者間的關係，培養學童關注、探討與整個社會有關之問題。因此，在當前整個地球環境遭受污染、破壞之際，實有必要讓幼兒探討、關注我們的生存環境，以養成愛護環境之心。有關地球生存環境主題之基本概念有四：(1)石頭、沙、土；(2)水；(3)空氣；(4)天氣。就每一單項基本概念而言，實可作為一個主題加以深入探討（見下頁圖 7-4）。有關此四項基本概念下之次概念意涵及其各項活動，請見拙著《幼兒自然科學經驗》一書（周淑惠，民86b）。

四、自然力量

　　大自然的力量是令人敬畏與激賞的，電、光、磁力、聲音等自然力量與人類生活密切；此外，能轉化人類力量的簡易機械，可幫助移動物體、節省力氣，更是生活上所不可或缺的，均是頗值幼兒探討的主題（見圖 7-5，頁 66）。有關此四項基本概念下之次概念意涵及其各項活動，請見拙著《幼兒自然科學經驗》一書（周淑惠，民86b）。

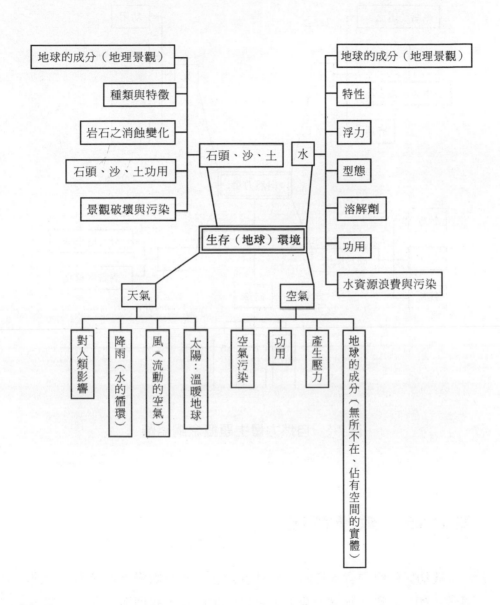

圖 7-4　生存環境主題概念網絡圖

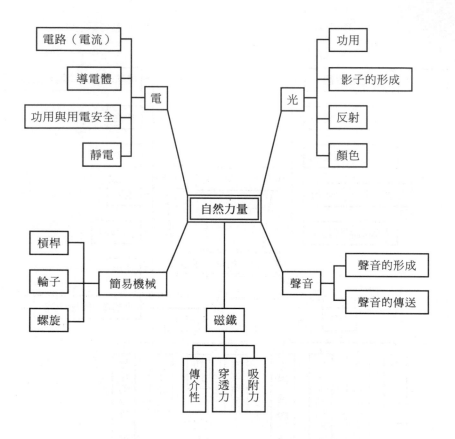

圖 7-5　自然力量主題概念綱絡圖

第二節　數學領域

　　就幼兒數學內容本身而言也具多樣性，幼兒數學不再僅等於幼兒算數（如：計數、加減運算），它包含數與量、幾何與空間、分類、形式與序列、估算與測量、統計與資料整理、時間等。下頁圖 7-6 即顯示幼兒數學概念網絡圖，揭示了幼兒數學領域的教學內容。有關各

項概念意涵與其相關活動，請見拙著《**幼兒數學新論**》一書（周淑惠，民84）。

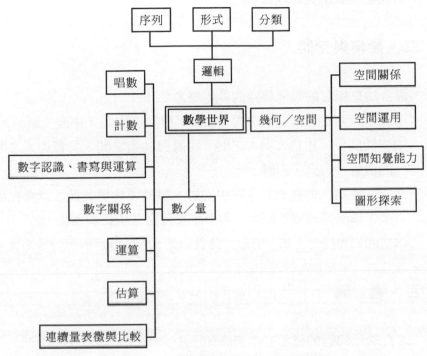

圖 7-6　幼兒數學領域概念網絡圖

一、**數與量**

適合幼兒探討的數／量基本概念如下：

㈠唱數，如同唱歌，按1、2、3……順序依次唱下去。

㈡計數，一面唱數，一面點數實物，即計數實物。

㈢數字認識、書寫與運用。

㈣數字關係，如：某一數字與5、10 關係，數之「合成、分解」關係（5是4、1的合成或3、2的合成）等。

㈤運算,如:加減運算或乘除運算(著重概念的理解,非演算法)。

㈥估算數量。

㈦連續量表徵與比較。

二、幾何與空間

適合幼兒探討的幾何與空間基本概念如下:

㈠圖形探索,包括三度空間(立體)與二度空間(平面)圖形。

㈡空間關係,包括人與人之間、物體與物體之間、物體與人之間的位置、方向、距離。

㈢空間運用,即在一定空間中安排、組織或建構物體,以美化視象,或者是改變空間大小與形狀去符合某項物體所需。

㈣空間知覺能力,如:圖形／背景知覺、視覺分辨與記憶等知覺。

三、邏　輯

適合幼兒探討的邏輯基本概念如下:

㈠分類,即依據事物間之異同關係,形成各類組,包括辨識異同、自由分類、感官分類、延續屬性異同、猜臆分類標準等相關概念與活動。

㈡形式,指重複出現有規則的事物(務),包括辨識形式、延伸形式、填補形式、創造形式等相關概念與活動。

㈢序列:即比較二個以上事物(務)的程序,包括序列、雙重序列、事件序列、數量序列、序數等。

第三節　語文領域

　　語文包括口說語文與書寫語文，其最基本的能力是聽、說、讀、寫。無論是哪種技巧，均需建立在對聽、說、讀、寫本質——「溝通」意涵的理解之上。例如：聽的技巧，一定要先了解聽的目的是要聽懂對方所溝通之意，無論是聽、說、讀、寫皆有其「溝通」目的。值得注意的是，此四項能力是同時共生、彼此支持與統整發展的（如下圖 7-7 所示）。

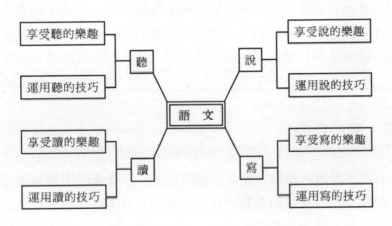

圖 7-7　幼兒語文能力網絡圖

一、聽的能力

　　包括享受聽的樂趣，與聽得懂、能理解溝通的內容（運用聽的技巧）。享受聽的樂趣，例如：聽風在林梢吹、鳥在樹間啾、海浪拍濤聲，以及喜歡聽故事、能靜心傾聽他人說話與享受談話互動的樂趣

等。「聽得懂」意指能分辨人際溝通時，不同語氣、用詞，或表達方式所代表之意涵，以及能知道有些字詞有多種意義，或不同的字詞卻有相同的意涵。當然，「聽得見」是最基本的聽的能力，因其屬生理範疇，故不列於此。

二、說的能力

包括享受說話的樂趣，與運用說話的技巧。享受說的樂趣，例如：喜歡發表、喜歡說出感覺、能正向地與人溝通，和具有良好的溝通態度等。說話的技巧包括咬字發音、清晰正確的表達與脈絡性等，運用說話技巧必須築基於對字詞意涵的理解，如：有些字詞有多種意義，而不同的字詞卻有相同的意涵，並善於運用於人際溝通互動中。當然，能發出聲音是最基本的說的能力，因其屬生理範疇，故不列於此。

三、讀的能力

包括享受讀的樂趣，與運用讀的技巧。享受讀的樂趣是指先要了解印刷文字有其傳達的意涵，是有意義的，且可提供有用資訊的，然後樂於享受生活中各種印刷文字，如：認讀街道上的看版、招牌、廣告宣傳單，與喜歡隨時取閱各種圖書或查閱各種百科資料等。讀的技巧包括情境中認字、知道讀的上下左右順序性，以及能由各種線索（如圖畫）猜臆文段大意等。當然，「看得見」是最基本的讀的能力，因其屬生理範疇，故不列於此。

四、寫的能力

包括享受寫的樂趣，與運用寫的技巧。享受寫的樂趣，是指先要

了解書寫文字有其傳達的意涵，是有溝通目的的，然後樂於享受塗鴉或寫的活動。例如：繪圖塗鴉後請老師替「寫」下所繪意義，或自行運用各種符號「記錄」其所繪內容。再如：於娃娃家扮演醫生時，運用符號假裝開藥單等。至於寫的技巧包括運筆能力、筆順能力（手眼協調）、建構文字能力等。

五、聽說讀寫統整能力

聽說讀寫能力是在生活情境中統整發展的，幼兒生活在一個同時充滿口說語文與書寫語文的環境中，無論是口說或書寫語文，均有其溝通目的，聽說讀寫四項能力其實是相互刺激、強化，彼此整合發展而來的。舉例而言，口說的話語可以被傾聽而達溝通目的，也可以透過書寫（印刷）文字的呈現，讓人閱讀而達溝通目的。就如同幼兒完成繪畫後，以「口語」表達其所繪涵意，教師「傾聽」並以「文字」在繪畫上註腳，並作成一本書。這本「小書」可以放在圖書角讓其他幼兒「閱讀」，也可以經由老師「朗讀」，幼兒「聆聽」欣賞並「發表」感想。因此，語文領域的教學內容除著重在聽說讀寫技巧的個別發展外，還要提供幼兒強化四項能力統整發展的課程。「先聽說再讀寫」實與幼兒語文的發展不符，故吾人特意將聽說讀寫統整能力列出。

8 智能領域教學趨勢與策略

　　本章共分三節，依次敘述與認知相關的自然、數學、語文等學科界所主倡之最新教學趨勢策略。

第一節　自然領域

　　美國國家改進科學教育中心（National Center for Imporving Science Education，簡稱NCISE，1990）曾揭示幼稚園科學教育的目標有三：⑴發展幼兒對世界的內在好奇心；⑵擴展幼兒探究世界、解決問題與作決定的程序與思考能力；⑶增進幼兒對自然世界的知識。這些目標廣泛地包括了科學態度、科學程序與科學內容，並且代表了科學教育的當前趨勢（Kilmer & Hofman, 1995）。此三大目標正好與筆者（周淑惠，民 86b）所呼籲的幼兒自然科學教育目標——認知、情意、技能目標相吻合。吾人以為科學的意涵具多面性，不僅包括科學知識（認知），亦包括了獲得科學知識的方法——即科學程序能力（技能），而且也涵蓋了科學探究的態度與精神（情意）。若非科學家本著科學態度與精神，運用科學程序能力，科學知識無從發現與獲得。因此，吾人應教導幼兒科學探究的程序能力，並培養其探究科學的精神與態度，以助其獲得科學知識。在教學實務上，教師一向習於傳授灌輸，鮮少著重於培養科學探究的方法與態度。因此，它成為今後科

學教育的重要目標。

　　所謂「科學程序能力」，依據美國**科學促進會**所認定的十一項科學程序能力中，較適合幼兒的有六項：觀察、分類、測量、計算、實驗、預測（McNairy, 1985，引自 Althouse, 1988）。美國**科學促進會**所設計的 SAPA 課程（Science-A Process Approach）則指出幼稚園至小學三年級階段之程序能力應包含八項：觀察、分類、推論、預測、使用數字、溝通、測量、使用時空關係。Althouse（1988）提出十項：觀察、分類、比較、溝通、下結論、預測、使用數字、測量、使用時空關係、推論。Cliatt 與 Shaw（1992）提出九項：觀察、測量、使用數字、溝通、排序、分類、預測、推論、使用時空關係。Eliason 與 Jenkins（1994）提出八項：觀察、比較、分類、溝通、測量、推論、預測、記錄。筆者根據以上各家所指，將其歸納為四大項：觀察、推論、預測、溝通，因為在觀察過程之中與其後，它均可能涉及事物之比較、分類、排序、使用數字、使用空間關係等其他項能力。然無論所指為何，皆可看出科學程序能力是指科學探究過程中運用的方法或技能，它所強調的是「手動」（hands on）兼「心動」（minds on），即操作與思考並重的精神。Kilmer 與 Hofman（1995）曾提出「三至八歲適性發展的科學活動」（Developmentally Appropriate Sciencing），其所歸納的幼兒科學教育方法乃築基於幼兒的好奇心與探索周遭的意願，正反映了此一手動兼心動的精神，而且也呼應前述科學教育目標：認知（科學知識）、情意（科學態度與精神）、技能（科學探究方法）。在下頁表 8-1 的左邊乃為較正確的幼兒科學教育方法，右邊則為不正確的幼兒科學教育方法，在教學時，吾人應盡量趨向左端之狀態。

表 8-1　三至八歲適性發展的科學活動

正確	不正確
活躍的參與	熟記許多知識
操作教材	看著教師做示範與操作
控制他們自己的行動	研讀與其知識或經驗無關的內容
探查熟悉的、與生活有關的現象	（被封閉性、只有唯一正確答
省思教師的開放性問題	案的問題所限制或被告知要期
觀察他們自己行動的結果	待什麼？）
體驗計畫性與隨發性科學活動	缺乏觀察他們自己行動的機會
個別或小組性探查活動	只經驗教師計畫的活動
探查一些基本概念	只參與大團體全班性科學活動
探索物理、地球、生命科學等多樣	只學習一、二個概念
內容	只學習有限的內容
以多種方法去評估其知識與技能	只以紙筆測驗評估其知識、技能

「幼兒如何知」？活躍地操作與思考，乃源基於皮亞傑的認知發展理論，根據皮亞傑之「動態均衡論」（the equilibration theory），認知發展是一種個人在環境中為解決認知衝突、透過同化與調適二種功能，以達均衡狀態的內在自我規制過程（Piaget, 1976）。換言之，兒童有不矛盾自己的一個內在需求，當外在資訊與內在既有的認知架構有異時（矛盾產生），兒童會改變自己的認知架構，建構新的看法以消除矛盾，於是學習自然產生（Forman & Kadan, 1987）。此一理論說明了知識之產生是主體（兒童）經由其內在活躍的心靈活動所建構而來的，它是自我啟動、自我管制的過程。學習者並非僅是累加堆積新訊息於既有儲存之知識系統中，他們必須將新資訊與已建立的知識結構相互交織連結，在這些結構中建構新的關係網。因此，學習乃是內在自導與建構的過程，「要了解就必須去發現」（To understand is to invent）（Piaget, 1973a），「理解一個理論或要義，意謂這個

理論被這個主體再發現（reinvention）」（Piaget, 1973b），充分說明了學習之自導性與建構性。

根據皮亞傑的知識論，人類知識的獲得是一個活躍的過程，要理解事物乃需將實體（物）納入轉換（transformation）系統以茲考量，同時欲求得知識也涉及轉換實體，以理解某一種狀態是如何產生的（Piaget, 1970）。換言之，求知與操作實物有關，而非被動地抄襲實體（reality），兒童必須變換物體的狀態──丟、敲、混合、擲、推、拉、拆、移動、捏它，並觀察物體轉換所引起的改變，才能獲得知識。簡言之，了解一項東西是要去操作它並轉換它。兒童在操作實物時會產生兩種知識──「物理知識」與「邏輯數學知識」，物理知識乃操作物體而發現物體的特質，如顏色、重量等；邏輯數學知識之獲得不是由物體的物理特性而來，而是由兒童對他自己操作物體的實際行動的反思（reflect on his own action）而來。舉例而言，如果一個兒童用各種方法記數小石頭（由左到右數、由右到左數、排成一個圈圈數、由中間開始數），結果發現：計數石頭的順序對於石頭的總數是無影響的，無論從哪裡開始數，其數目總是相同的。幼兒所發現的這項知識並非由石頭的物理特性而來，而是從兒童自己（主體）操作小石頭（物體）時，對於其自身所執行的操作行動（計數石頭的各種方式）之內在省思而來的，這就是皮氏所謂的邏輯數學知識，無怪乎皮亞傑言：「……知識的源起非僅存於物體本身，也非僅存於主體本身，而是在於二者間複雜緊密地交互作用。」（Piaget, 1976）

總之，皮亞傑認為與外在環境互動、具體操作及內在心靈之省思與建構，在獲取知識的過程中是十分重要的，對科學與數學教育之意涵則為手動兼心動（hands on/minds on），二者均不可或缺。

然而皮亞傑認為邏輯運思能力是階段發展下的成果，前運思期幼兒在先天發展上欠缺邏輯運思能力，因此涉及邏輯思考本質的科學或數學教育似乎很難著力，因為發展總是學習之先決必要條件。事實上，誠如本篇第六章所述，根據諸多認知心理學家與後皮亞傑學派的

研究，證實幼兒具有邏輯運思能力，尤其在有豐富經驗的特定領域，
會有較精進的推理運思。因此，針對幼兒的興趣，提供豐富經驗，對
幼兒之發展必有助益。其次，幼兒的各領域能力是漸進發展的，因此
難免有些脆弱、不穩定。故而，如何提升、轉化這些能力，乃為幼兒
教育之重要課題。

　　吾人頗為贊同後皮亞傑學派所主張——學習與教學應先於發展，
以提升、轉化幼兒的能力。此一論調實受俄國心理學家Vygotsky「近
側發展區」（Zone of Proximal Development, ZPD）理論的影響。所
謂近側發展區是指「實際發展層次」（取決於個體所展現之獨立解決
問題能力）與「潛在發展層次」（取決於成人所引導或與較能幹同儕
合作所展現之解決問題能力）二者間之差距（Wertsch, 1985）。在近
側發展區段中的能力，可以說是尚未成熟，現在是胚胎狀態，但卻是
在成熟的過程之中，於明日即將成熟。在這樣論點之下，教學不僅在
符合兒童目前現有的發展層次，也在創造兒童的近側發展區，提升其
認知發展層次。教學唯有在發展之前，喚醒並激發生命中正在成熟中
的功能，才是好的（Vygotsky, 1978）。教師角色則變得十分積極，
他不能消極地等待兒童進入完備狀態後才施教，教學必先於發展，因
此，「鷹架教學」觀被後皮亞傑學派所提出（Wood, Bruner, & Ross,
1976;Wood, 1989; Bruner & Haste, 1987; Fleer, 1993）。在此一鷹架
譬喻中，兒童被視為正在建築中的建築物，社會環境是所需要的鷹架
（scaffold）或支持系統，它容許幼兒發展並繼續建造新的能力。Scaf-
folding 一詞乃為教學的重要成分，是師生間的互動方式（Berk &
Winsler, 1995）；簡言之，在成人與兒童的互動中，由成人運用各種
策略為兒童搭構鷹架，以幫助兒童發展潛能。

　　綜上所述，吾人歸結：手動兼心動是幼兒科學教育的主要方法，
而教師之角色則有如鷹架般支持與引導，整體而言，有些類似「引導
式發現學習法」（Guided Discovery Approach），而教師的角色則趨
向更積極。Carin 與 Sund（1989）所言甚是：就發現學習法而言，愈

是年幼的兒童愈須呈現知識與引導他們，而結合某些低主導性角色之「自由發現法」與某些高主導性角色之「講述法」，並介於二者之間的教學法，即為引導式發現學習法。它絕非放任兒童為所欲為，身為教師者必須有足夠的結構性措施，確保學生運用心智去發現科學概念與原則，而且也要有大的目標在心理引導，並設計活動引導學生朝向這些目標。因此，吾人雖倡導以手動兼心動為精神引導式發現學習法，但並不全盤否定其他教學法，在教學上應以引導式發現學習法為取向，並依不同情境因素，彈性結合運用各種教學法。茲將其具體實施策略分述如下：

一、提供直接經驗

幼兒天生好奇，是個十足的探索者，喜歡運用各項感官去探知究竟或尋求解答，因而幼兒科學教育最重要的方法是供給大量豐富的直接經驗，親身體驗發掘答案，尤其是幼兒感興趣的主題，例如：直接去觀察、去摸、去做、去挖、去混合、去拆卸等。換言之，欲了解大自然與科學內涵，絕對不能隔靴搔癢，完全依賴紙筆作業與講授灌輸。提供幼兒直接經驗乃意指直接涉入與操作，又包含教學「實地化」與「活動化」。所謂教學實地化，乃指教學應盡量於自然現象所發生的現場實地進行，讓幼兒在真實與自然的環境中徜徉、觀察與探索，即所謂的戶外教學。可提供戶外教學的場所俯拾皆是，凡大自然中有山水之處（如：溪流、水塘、山邊、海邊等）、人為場所（如：動物園、植物園、生鮮超市、寵物店、修車廠等）、街道附近情景（如：上下貨、修理馬路水管、建築房舍等）、以及園內戶外遊戲場均可加以探索。

另一項直接經驗是教師依據幼兒的生活經驗刻意計畫的科學活動，即教學活動化。這些活動讓幼兒能具體操作，並運用相關的科學程序能力──觀察、推論、分類、比較、實驗、下結論等，例如：磁

鐵吸力、水的浮沈、種子發芽活動等，均能讓幼兒手動兼心動。吾人以為教師在進行這些活動時，適當的講述是必需的，但完全依賴口述或示範而無幼兒參與的成分是錯誤的。重要的是，教師所設計的科學活動要與幼兒的每日經驗有關，成為延伸幼兒經驗的活動，這樣的學習（生活化、具體化）對幼兒而言，方有意義。

二、善用隨機經驗

　　科學應是幼兒每日經驗的一部分，它到處皆是（Ziemer, 1987，引自 Eliason & Jenkins, 1994）。教師除了從幼兒每日經驗中選擇、計畫科學活動外，同時也必須善用隨機經驗，因為在園內每天所發生的隨機經驗，對幼兒而言，是最自然、最有意義、最具體、最容易了解、也是最不容易忘懷的經驗。但這些偶發事件若是未加任何「引導」，也只是過眼雲煙而已，雲消霧散，不會產生任何的學習效果。誠如 Maxim （1989）所言：「隨機接觸無所關聯的事件，而無教師任何的引導是不夠的，教師應引導兒童去發現現象之所以發生，必有其緣由。」例如：當在戶外遊戲時，在草地上發現一隻跌落的稀毛小鳥（甫出生），在大樹下發現一群搬動死蒼蠅的螞蟻；或上課時突然飛進一隻斷腿的螳螂；或觀看影片時突然跳電，漆黑一片；或早上地面的水窪到中午不見了。以上這些生活中偶發事件均會引起幼兒極大的好奇與興趣。教師可以適時抓住機會，運用一些問題讓幼兒推理、思考，或安排一些活動，與幼兒的舊經驗連結，並引導幼兒進一步探索與發現。這樣的學習富有情境意義、易於理解，也是幼兒所感興趣的。

三、豐富學習環境

　　與供給大量直接經驗極為相關的是創造一個豐富刺激的學習環

境，激發幼兒的操作與探索之心；簡言之，即抓住幼兒的好奇心，用心安排環境也。校外之旅並非天天可行，幼兒日日處於園內環境，豐富園內環境以促進所設計科學活動之進行，並補實地教學之不足，實有其必要性。

首先，就室內環境而言，可以建立科學角或科學學習區、科學興趣中心、科學探索區，另外還可設立植物觀察區、動物觀察區，這二區可以與科學角合併，或散於室內各合宜之處。科學區之設立應考量幼兒之個別差異性，以滿足個別探索的需求。

科學角可以備一小型的「興趣桌」或「探索桌」，將與教學主題有關的各種實物或教材陳列於此，上覆以桌巾，在主題開始時可以作為引起動機之用，吸引幼兒前去探索，以凸顯主題。例如在：「動物的家」主題時，興趣桌上可以放置鳥巢、蜂窩、寄居蟹與貝殼等；在「機器的妙用」主題時，則可陳列開罐器（齒輪旋轉型）、壞了的發條玩具、輪軸等。至於進行科學活動所必需的一些基本材料，如放大鏡（供觀察用）、天平（供比較用）、尺（供測量、比較用）、鏡子（供反射、折射或從不同角度觀察事物用）、滴管、地球儀、溫度計等，則必須常備於科學角之陳列櫃架上，讓幼兒能自行取用。當然，教師自製的科學教具或教材亦為此區陳列主要內容之一。

至於戶外場地亦可善加規畫，若空間夠大，則可分為遊樂器材區（可進行有關斜坡、槓桿、速度、影子等的探究）、花草樹叢區、蔬菜種植區、沙（水）箱區、魚池區。若無空間的話，也要盡量規畫一塊幼兒可以親自栽種的區域，或權宜運用，例如：利用大保麗龍盒、塑膠盆等填以泥土，種植的作物則以易收割的夏令蔬菜，如：空心菜、白菜、蕃茄、大黃瓜、絲瓜等，而沙（水）箱也可用大塑膠盆、鐵盒替代。此外，在戶外遊戲場亦可備置大型長條木板、木箱、紙箱、大型積木等，以供幼兒嬉戲、探索。

四、培養程序能力

　　培養科學程序能力是幼兒科學教育的重要目標，也是重要的方法。通常教師們均習於講述、灌輸、示範，對於如何促進幼兒的科學程序能力多欠缺經驗，茲就觀察、推論、預測／實驗、溝通等四大類能力分項說明之。

（一）觀　　察

　　觀察是運用我們的感官去獲取事物與事件的訊息，是獲取第一手資料與知識最直接方法，也是最基本的科學程序，更是進一步作推論的基礎。因此，教師應鼓勵幼兒於觀察事物時運用愈多的感覺愈好——看、聽、摸、問、嚐（即五覺也）。

　　當觀察開始進行時，教師以給與觀察焦點來引導幼兒。觀察的焦點通常是以問題呈現之，例如：「注意看蠶寶寶是怎麼移動身體的？」、「牠有翅膀嗎？有腿嗎？是什麼東西讓牠移動身體的？」、「蚱蜢是怎麼移動身體的？」、「蠶寶寶的身體長得怎麼樣？」。甚至教師亦可讓幼兒比較差異性，例如：「蚯蚓和蠶寶寶爬行的方式有什麼不一樣？」、「兔子的眼睛和貓的眼睛有什麼不一樣？」。此外，教師應鼓勵幼兒從不同的角度、方位來觀察事物，例如：觀察蠶寶寶（蚯蚓、蝸牛……）時，從正面、側面、背面、底部觀察（將蠶寶寶置於玻璃板上，方便幼兒從底部觀看蠶寶寶走路）。觀察有質的觀察，也有量的觀察。無論是質的觀察或是量的觀察均涉及操作物體，如檢視、比較石頭的紋路、形狀、硬度、顏色、大小、數量，沒有實際的翻動、把玩、觸摸是做不到的。

（二）推　　論

　　根據所觀察現象，提出合理的解釋或下結論就是推論，它涉及思

考、推理，與觀察所得之第一手知識有別。例如：當幼兒午休起床後見到窗外樹梢靜止不動（所觀察現象），就說「外面沒有風」（提出合理的解釋──推論）。又如：炎炎夏日，幼兒見到室內自己照顧的植物生長良好，而園中的植物葉乾枯黃（所觀察現象），就推論道「外面的花沒有澆水，長得不好」（提出合理的解釋）。教師於幼兒進行觀察後，應鼓勵幼兒對所觀察的現象，運用其邏輯思考，推理其形成原因或提出解釋。

　　推論很重要，因為它可以將幼兒的科學經驗整合起來或者是做總結，它可幫助兒童超越「發生了什麼事」而抵「這是什麼意思」之境界（Cliatt & Shaw, 1992）。此外，推理亦可促進兒童的思考力，為人師者應常引導兒童對於各種自然現象推想其原因。

(三)預測／實驗

　　預測是對未發生之事預先猜想可能發生的情況，它與推論不同的是：一個是對於目前現象提出形成之因（推論），一個是基於目前現象以及過去經驗，預思未來狀態。例如：幼兒午休醒來發現室內十分黑暗，「推論」是屋外烏雲密佈所致，「預測」不久馬上會傾盆大雨。推論與預測均可透過「實驗」加以驗證其正確性。對幼兒而言，實驗可以是簡單的操作行動以驗證其想法是否正確，而不涉及複雜的形成假設、控制變項等正式科學程序。

　　科學活動提供幼兒許多預測的機會，如果教師鼓勵幼兒在活動前事先預測會發生什麼事？並容許他們驗證其預測想法是否正確，勢必會激發幼兒的科學探索興趣。舉例而言，在「浮與沈」活動中，教師供給許多體積、重量均不同的物品，在進行活動前，教師可請幼兒預測哪些物品會浮在水面？哪些物品會沈下？並實際讓幼兒在水裡操作，以驗證其預測是否正確，相信幼兒一定是興趣盎然、忙於操作。對於幼兒的預測，教師應詢問幼兒為什麼如此預測？有什麼原因支持其想法？以免幼兒未加思索、淪於亂猜，並鼓勵幼兒親手驗證結果。

㈣溝　通

溝通是很重要的科學程序能力，在進行科學活動時，以及科學活動後，教師應鼓勵幼兒以各種方式溝通其想法。科學家通常以口頭及書面報告、圖表、公式來溝通他的研究成果或問題。適合幼兒溝通的方式有：口頭、肢體律動、文字（塗鴉）、圖畫、圖表、美勞創作等。舉例而言，當教師要幼兒觀察蚯蚓是怎麼走路時，幼兒的表現方式很可能是以肢體表現——趴在地上蠕動身體、站著扭動身體（或扭動手部），用口語表達，或者是畫出蚯蚓蠕動的扭曲路線，任何的方式均是可接受的，也是可鼓勵的。因為幼兒的溝通是一種對概念理解的表徵，他理解了才能具體表現出來，也唯有透過具體表徵，教師方才知曉幼兒到底理解了沒有。為人師者不僅要鼓勵幼兒溝通，且要仔細觀察幼兒的各種具體表徵，以作為教學與評量的依據。

五、引導幼兒探索

發現學習法是教師以周全的發問與傾聽間接地引導幼兒，以及敏銳地領導有關主題的討論（Harlan, 1988），教師的發問技巧成為引導幼兒科學探索的重要效標；換言之，發現學習的品質有相當程度是取決於教師的發問技巧。吾人曾提及在幼兒進行重要的科學程序時，例如：觀察與推論，教師須以問題引導幼兒，讓幼兒有觀察的焦點與推論的依據，發問在幼兒進行科學探索時，確實是非常重要的。

一般而言，問題可分為兩種型態：擴散性問題（divergent question）與聚斂性問題（convergent question），二者皆有其特定功用。在幼兒從事科學探索時，教師雖應多拋出擴散性問題，以促進幼兒推理思考，但也要適時巧妙地運用聚斂性問題，即本書一再強調的彈性運用也。

(一)擴散性問題

擴散性問題又稱之為開放性問題,它可以鼓勵人們從一單一起點往不同方向探索與思考,通常能引發各種不同的答案,而且這些廣泛的答案均是可接受的。依據Harlan(1988)所言,擴散性問題有許多功用:(1)啓動發現與探索;(2)促進推理思考;(3)詢問理解與否;(4)引發預測;(5)重燃興趣;(6)鼓勵創造思考;(7)詢問感覺(想)。

(二)聚斂性問題

聚斂性問題又稱之為封閉性問題,它通常只能往一個方向思考,也只有一個標準答案可以接受,然而此類型問題亦有其特定功用:(1)引導注意力;(2)幫助幼兒統整連貫;(3)幫助幼兒理解事物之全貌。

總之,教師的發問對於幼兒的科學探究是十分重要的,它可以促進幼兒運用各種科學程序能力,例如:觀察、推論、實驗、比較、分類、預測、溝通等;同時,它也提供幼兒良好的示範──對任何現象提出疑問,間接培養幼兒好奇、發問的能力。

第二節 數學領域

美國**數學教師協會**(National Council for teachers of Mathematics,簡稱 NCTM)在其所編數學課程與評鑑標準中,揭櫫數學的本質有四:(1)數學即解決問題(Mathematics as problem solving);(2)數學即溝通(Mathematics as communication);(3)數學即推理(Mathematics as reasoning);(4)數學即聯繫(Mathematical connections)(NCTM, 1990, 1991)。這四項標準所秉持的精神已蔚然成風,成為數學教育的趨勢走向。

一、數學即解決問題

　　「解決問題」應成為數學課程的主要焦點，然而在此所言之解決問題，絕非意謂另闢專門時段呈現待教的「解決問題」單元——透過此一時段或單元教給兒童一些解決問題的伎倆，例如：「碰到問題中有『總共』二個字，就要用加法，有『拿走』二個字就要用減法等技巧」。真正的解決問題意謂的是一個過程（process），所有的問題均源自於對兒童有意義的每日生活經驗或情境。在這樣的過程與情境中，教師不斷地拋以問題刺激思考，兒童則以各種方式（猜臆、操作教具、做簡單圖表、實際演出問題情境、討論等）去尋求與驗證答案，並在過程中調整自己的思考。解決問題的策略、技能、概念是兒童實際地從過程中，經教師的協助而探索發展出來的，並非教師全然灌輸，以伎倆為取向的。

二、數學即溝通

　　數學是一種生活，也是一種想法的溝通，吾人應鼓勵兒童同儕間之互動交流，與在生活情境中「談論」數學，讓幼兒將直覺想法用口語表達出來，使之與充滿符號的抽象數學連結。因為在溝通過程中，可以幫助兒童連貫實物、圖畫、圖表、符號、語言等各種數學概念表達方式，增進概念理解，使學習變得有意義，而且還可交換不同的思考方式以澄清自己的思維。為了促進溝通，具體實物與教具就顯得格外地重要，這些東西可賦予幼兒對話談論的起點，進而解釋、驗證與調整自己的思考。

三、數學即推理

　　學習數學不只限於記誦法則和程序，數學其實是富有邏輯的。學習數學涉及推理，它包括非正式思考、猜臆與驗證等，這些都是在幫助兒童看出數學是有道理、有意義的；正因為它是有理可證的，數學學習才變得有所樂趣。因此，吾人應鼓勵兒童以各種方式思考，並運用推理技巧發現數學關係。在推理過程中，解釋與調整思考是非常重要的，一個問題如何解決與其答案本身是一樣重要的。

四、數學即聯繫

　　學習數學必須提供機會讓幼兒建立聯繫關係，此種聯繫關係包括：(1)概念知識與程序知識間的聯繫；(2)具體、半具體（圖片）、半抽象（記號）、與抽象符號間的聯繫；(3)數學本身的各領域間（幾何、算數……）的聯繫；(4)數學與其他學科間的聯繫；(5)數學與每日生活經驗的聯繫。

　　數學絕不是孤立的學科知識，當數學與每日生活經驗連結，兒童才會感知數學的實用性；當數學的程序（例如演算方法）與概念理解連結，兒童才不致認為數學是一組武斷的法則，全賴死記死背；當抽象符號能與具體實物、半具體圖片連結時，兒童才會覺得數學學習有意義、可理解。此外，兒童也需有機會理解數學與其他領域、學科間的關係，並且運用數學於其他領域，以及運用其他領域於數學，亦即所謂的統整性學習也。

　　無可置疑地，NCTM 所揭櫫的精神乃基於皮亞傑學派的建構主義。基本上，建構論者認為數學是一組「關係」，這種關係必須由學習者內在心靈去創造或發現，因此在教學上十分強調思考與理解。從

上節所述皮氏認知發展「動態均衡論」與「知識論」，充分說明了知識之產生是主體（兒童）經由具體操作與環境互動，並於內在心靈省思、建構而來，學習具自導性與建構性。建構主義者，尤其是如Kamii等極端建構主義者，主張兒童應自主建構，「要了解就必須去建構發明」（Piaget, 1973a），反對教學時教師任何的介入行為。

　　事實上，近年來有愈來愈多的學者反對將建構與教學做二極化的思考。例如 Resnick 與 Klopfer（1989）即提出這樣的質疑──「想要在一個基本上不信任直接教學的皮亞傑建構式的數學方案中，傳授重要知識」的這種兩難情境，至今仍未完全解決。Resnick 與 Omanson（1987）以為：人們常在知識建構過程中發生錯誤，如兒童所發明建構的錯誤演算程序；因此，在其學習過程中某些「介入」（intervention）還是必要的。Ginsburg（1981）則認為：如果老師的「教學講授」（instruction）能促進兒童的「重新發現」（reinvention），那麼老師的教學講授與兒童的重新發現，是具有同等價值的；他又認為：教育的目的之一，是促進「接收性的學習」（receptive learning），有時學生也必須接受一些背誦記憶式的學習，然皮亞傑的建構理論並未對接收式學習提供合理的解釋。Post（1988）則提出兒童的數學教學應在探索發現式與灌輸式學習間採行一種比較平衡方式，並非完全放棄傳統吸收論所設定的行為目標，因為在某些情況下，他們還是頗為有用的。Noddings（1986, 1990）亦言，在任何的數學建構工作中，有一些特定的技巧是必須學習的，教師們不應自限於他們的建構主義。此外，學生在解題過程中，不斷地出現計算上或程序上的錯誤，阻礙了對重要問題的注意，因此，適當的、直接的練習是必需的，以促進真正的解決問題。Vygotsky曾言：兒童的心智發展若僅靠自主發展與發現將不會提高層次，教學是有價值的，它能使兒童的心智向前推進（林美珍，民 85）。Noddings 又言，吾人不須放棄「直接教學」（direct instruction）理論家所建議的教學策略，即使我們對其基本的認知假定不是很同意。

　　以上這些立論實不無道理，若無文化資產的「薰染」（例如數的
名稱：1、2、3……）與一些反覆練習，幼兒就不會建構出計數法則
與實用算術了（周淑惠，民84）。重要的是，兒童所建構的非正式算
數，很明顯的不如成人的正式系統化數學般地完整、有效率（Baroody
& Ginsburg, 1986; Cobb, 1985），是有限制的（Baroody & Ginsburg,
1990），是脆弱的（Gelman & Greeno, 1989），甚而發生錯誤在所難
免（Resnick, 1982, 1983; Resnick & Omanson, 1987；Baroody &
Ginsburg, 1990）。然而，在一個強調知識非由外灌輸，而是由內自
主建構的教室中，幼童的非正式（直覺）算術如何與學校的正式抽象
數學和諧連結、消弭鴻溝？果真如 Kamii（1989）所言，兒童之數學
思考或發明之演算方法與學校所教之加減法算則，是彼此相左的，那
麼教師應如何幫助幼童建構約定俗成的算則，讓兒童最終能「學」到
人類智慧的結晶？其所扮演角色應是如何？抑是如Kamii作法般，堅
信學校所教之加減法算則有害於兒童思考，因此主張完全不教算則？
吾人雖主張建構取向的教學，但有關建構教學的一些疑義，仍頗值深
思。

　　吾人以為幼兒的非正式算數能力實有如Vygotsky所指「近側發展
區」中的能力一樣，是在成熟過程中，但尚未完全純熟，如何去強
化、穩固與提升這些能力，使其長足充分發展，乃成為教育之重要問
題（周淑惠，民85）。Starkey與Gelman（1982）所言甚是：學習是
一個能力轉換的問題，讓有限制的能力能夠通則化與轉化。因此，教
學必先於發展，喚醒並激發生命中正在成熟的功能，才是好的（Vygotsky,
1978）。換言之，如上節所述，教學不僅在符合兒童目前現有的發展
層次，也在創造兒童的「近側發展區」，提升其認知發展層次。教師
之重要職責是在幼童的具體非正式數學（或迷思數學）與學校的抽象
正式數學間「搭橋連繫」（bridge the gap）（Ginsburg, 1989）。因
此，基於鷹架教學的社會建構論，強調教師在幼兒建構過程中的積極
角色似乎更能符合實務。就此，吾人頗為贊同 Noddings（1990）所

言，建構主義教師們應該將建構主義基本假定存於心中，但是爲了教學需要，他們亦應彈性採用多元不同的教學方法。在一個採教師鷹架支持的幼兒建構中，其具體而微的教學策略如下：

一、生活化

　　爲激發幼兒對數學的興趣，並促進幼兒對數學的概念理解，教學首要之務乃爲生活化。幼兒的實用算術之所以萌發，也和數學的歷史演化一樣，是爲解決生活中切身問題，從實際情境中自然發展的。生活既與數學無可剝離，從生活中學數學，深具自然性、實用性與意義性，不僅可增進幼兒概念理解，而且還可縮減幼兒對數學的心理距離；因爲數學是處理生活中切身相關的芝麻綠豆問題，而非抽象符號所構成的「天書」，或無可理解的高深學問。數學生活化涉及隨機抓住生活中的情境問題並設法解決，如無法做到生活化，活動設計也要盡量模擬實際生活中的各樣問題。生活化的例子俯拾可得，例如：校外教學所收得的費用，可請幼兒按面額分類；每日點心可準備不同顏色或形狀的餅乾，讓幼兒自由組合取用，但限制最多數量；晨點時，出缺席人數點算；小組活動時間，檢視教材夠用嗎？不夠多少？

二、遊戲化

　　遊戲中學習是激發幼兒對數學發生興趣最直接的方法，因爲幼兒的生活本來就是以遊戲爲重心。遊戲化包括角落自由探索遊戲（例如：娃娃家買賣遊戲、積木角建構與造形的活動），與操作各種紙卡、盤面、骰子等教（玩）具，以及進行小組或團體遊戲等。數學遊戲化的結果，不但能讓幼兒在輕鬆自然氣氛下學到數學，也能讓其喜歡數學。例如：幼兒擲骰子，以二只骰面數目之和作爲紙板上前進格數依據之「尋寶遊戲」，幼兒在歡愉且熱切的氣氛下，不但習得加法

運算概念，也對數學發生濃厚興趣。

三、解題化

　　爲了促進幼兒的思考與解決問題能力，吾人提倡「解決問題教學」（Problem-solving Approach）。Worth（1990）曾指出，解決問題教學法可幫助幼兒「意義化」概念、技能與二者間關係。此一教學方式特別強調創造一個解決問題的氣氛，讓幼兒在解決問題的情境與過程中，透過推論、操作、預測、討論與驗證，學到概念與技能。教學若瀰漫解題氣氛，那麼教室裡將洋溢著與生活有關的各種「情境問題」，並充滿刺激思考的問話；幼兒則忙著操作教具並與其他幼兒互相討論、將問題以行動演示出來、在紙上畫圖表等。其實解題化與生活化是一體的兩面，很難區分，解題情境應多源自於生活中的實際問題，或模擬的情境問題，並且讓幼兒在溫暖、無焦慮、有充分時間的環境中，自信地、願意嘗試地發展解決問題的策略。

　　此外，解決問題教學方式主要目的之一，乃在強化幼兒面對不確定、不熟悉問題情境時之思考、推理能力，因此，在幼兒解題過程中必須伴有不斷的開放式問題（open-ended question），以引發擴散性思考。柯烈特等人（Cliatt et al., 1980, 引自Worth, 1990）曾指出幼稚園階段幼兒若重複地處於擴散性思考情境中，其擴散性思考能力會提升。因而教師在提供幼兒解決問題情境時，應常提出類似「爲什麼？」、「怎麼做的？」、「有什麼不一樣？」、「還有別的方法嗎？」等問話。最後，也是最重要的，解決問題教學法絕非教導幼兒解決問題的步驟與程序，以爲之遵守，在解決問題教學法中，所有的解題策略與方法均是透過思考、推理與探索而來的，教師僅扮演著觸媒者、激發思考者的角色。

四、具體化

　　爲增進幼兒的理解，抽象的符號與概念必須伴以具體的經驗與活動。在解題化教學趨勢下，一個好的問題情境重要特徵之一，即多涉及可讓幼兒操作、轉換或移動之實物或模擬實物，以增進對問題之理解，並能與真實世界連結，因此，幼兒期的數學教學模式可稱之爲「行動模式」（action model）（Nelson & Kirkpatrick, 1988）。自狄恩斯與布魯諾著書立作以來，運用具體化教具或實物於數學教學上已普遍地被接受。大部分的研究也證實，教具對於概念的獲得確有功效。誠如 Ginsburg 與 Yamamoto（1986）所言，教具或實物可以說是一種中介基模（intermediary schemata），其功能如同橋樑般，對於連結具體與抽象（符號）數學的確很有幫助。操作性教具或實物除可促進概念理解外，同時也可引起幼兒對數學的興趣，因爲幼兒多喜可具體操作的各式教材。據此，在學前活動室裡必須充滿各式各樣的教具，例如：小方塊、數棒、屬性積木（Attribute Block）、形式積木（Pattern Block）、立體幾何模型、平面幾何片、小動物模型等，以及任何可數的實物──鈕扣、豆子、彈珠等。

　　值得注意的是，吾人提倡具體化操作教具，並非意謂著絕對避免抽象符號於幼兒期，抽象符號有其強有力之功效，問題是如何善用幼兒感覺需要符號的情境，而適時地加以呈現（Buxton, 1982，引自 Hughes, 1985），則有待幼兒有充足的具體經驗之後。吾人所強調的是，概念或抽象符號的學習要始於具體層次，經半具體圖片、半抽象畫記的連結，漸行導引至抽象的符號層次（Baratta-Lorton, 1979; Charlesworth, 1984; Heddens & Speer, 1988）。此外，教具的使用必須配合心靈的活躍思考，誠如皮亞傑所言，兒童所發現的知識是源自於對他自己操作行動的省思。我們必須將教具或實物視爲思考的觸媒劑，在幼兒使用或操作時，還必須仰賴教師以能激發思考的問題與之

互動（Payne, 1990）。

五、多樣化

　　爲達培養完整幼兒之目標，吾人提倡課程多樣化，包括教學內容多樣化與教學方法多樣化。就教學內容設計而言，應各領域兼具並重，提供整體統整發展的機會，不可偏重或偏廢某一領域或層面；而且也要加強各領域間的聯繫與相互爲用，讓幼兒不但能從其他領域中習得數學概念與技能，或從數學領域中習得其他領域的重要概念與技能，而且也能運用數學於其他領域，或在數學中運用其他領域。例如：美勞活動中，運用色彩創造屬於數學邏輯思維的形式花樣（pattern），或運用剪好的幾何形狀色紙自由造形；再如體能律動中，配合唱數、計數，或納入上、下、左、右、裡、外、中間的空間概念於動作中（如：向右跑五步，向前單腳跳六步）；又如烹飪活動中，實際運用測量、計數、空間、科學、安全等概念……。甚至在教計數、測量或幾何概念時，運用坊間圖畫故事書，教導分類概念時運用自然領域中的觀察技巧與自然之旅所得之小石頭、樹葉等；教導唱數（計數）時運用唱數兒歌或敲打樂器等……。傳統式的獨立分科，支離破碎地呈現教學內容，已不再適用於當代的社會。

第三節　語文領域

　　美國**國際閱讀協會**（International Reading Association，簡稱IRA）與**全國幼兒教育協會**（National Association for the Education of Young Children，簡稱NAEYC）於一九九八年聯合發表有關幼兒讀寫發展的立場聲明「學習讀寫之適性發展實務」（IRA & NAEYC, 1998）。該份文件指出，幼兒讀寫成就的目標與期望應是適性發展

的，亦即在成人的充分支持下，讓幼兒感受挑戰性，但卻可以實現。IRA 與 NAEYC 之所以發表此一聲明，主要是基於「兒童讀寫能力是呈連續體狀的日增發展」論點，在入小學前的兒童歷經第一階段（學前）的「知覺與探索期」，以及第二階段（幼稚園）的「實驗讀寫期」，兒童的能力逐漸萌發，有些表現，但有其個別差異性。兩個協會均認同幼兒讀寫能力發展的重要性，期望幫助幼兒學習讀寫，而且也希望能培養幼兒對讀寫的興趣與喜愛。基本上，其目標是認知與情意並重，而其教學方法則強調幼兒建構與老師的鷹架協助，但並不排斥其他教學策略，認為好的教師應能運用符合個別差異的多元策略。

針對第一階段知覺探索的學前幼兒，IRA 與 NAEYC 建議教師應採如下的教學策略（但不受此限）：

㈠成人與每位幼兒應經常對話，維持正向關係，並示範閱讀與書寫行為，培養幼兒享受閱讀書寫的樂趣。

㈡建立充滿豐富的印刷文字環境，提供幼兒觀察與使用書寫語文的機會與工具，教師並將幼兒的注意引至特殊的字母與字彙。

㈢成人每天應為幼兒（個別或小組）閱讀高品質的圖書，包括兒童自我認同、母語與文化方面的書籍。

㈣幼兒應有機會談論其閱讀內容，與注意字音、語意及語文的各個部分。

㈤教導幼兒發展語音意識的技巧與經驗，諸如：歌曲、手指謠、遊戲、詩詞與語音形式（如音韻顯著的故事）。

㈥提供幼兒進行運用讀寫為工具的遊戲，諸如：在娃娃家書寫購物單，在積木角為所建構的積木製作標語，以及玩電腦遊戲時認讀影像與文字。

㈦提供擴展幼兒字彙的第一手經驗，諸如：到社區參觀，以及接觸多種工具、物體與教材。

此外，IRA 與 NAEYC 復提出教師可以為此階段幼兒做的事，包

括下列幾項：

　　㈠與幼兒分享圖書，包括大書，並且示範閱讀行為。

　　㈡談論字母名稱與發音。

　　㈢建立一個讀寫豐富的環境。

　　㈣重唸幼兒喜歡的故事。

　　㈤讓幼兒玩語言遊戲。

　　㈥促進讀寫相關的遊戲活動。

　　㈦鼓勵幼兒實驗文字書寫。

　　針對第二階段實驗讀寫的幼稚園幼兒，IRA 與 NAEYC 建議老師應採的教學策略如下（但不受此限）：

　　㈠每天讓幼兒聽老師出聲閱讀，以及提供幼兒獨力閱讀有意義、有趣的故事與圖書的經驗。

　　㈡伴隨有意義的閱讀與書寫活動，提供幼兒系統化教學之均衡性課程。

　　㈢在老師支持協助下，每天讓幼兒為多種目的而書寫文句，諸如：故事、圖表、字條、詩詞、報告與對圖書的感想等。

　　㈣允許幼兒彈性運用非傳統的書寫形式，並隨時日逐漸移向傳統文字形式的書寫經驗。

　　㈤提供幼兒有焦點的教學與合作性的分組活動機會。

　　㈥實施一個須運用智能與富挑戰性的課程，以擴展幼兒的世界知識與字彙。

　　㈦若是幼兒在閱讀上尚未如預期般地有進步，或是讀寫能力進步了，則須調整教學策略，或作個別化的教學。

　　此外，IRA 與 NAEYC 復提出老師可以為此階段幼兒做的事，尚有下列幾項：

　　㈠鼓勵幼兒談論其閱讀與書寫經驗。

㈡供給幼兒在有意義情境中，探索與辨認「聲音—符號」關係的多種機會。

㈢幫助幼兒將國字讀音分成個別的注音，並將注音拼成完整的字音，例如：慢慢地寫出一個字，並說出它的拼音。

㈣經常對幼兒唸讀有趣與具有豐富意涵的故事。

㈤提供幼兒每天都有「寫」的機會。

㈥幫助幼兒建立一個望眼可見的字彙庫。

㈦創造一個讀寫豐富的環境，讓幼兒可以獨立地進行讀寫。

　　從上述的教學策略不難看出 IRA 與 NAEYC 的立場已從前段時日相當盛行強調幼兒獨立建構的「全語文」（whole language）教學，朝向加重教師角色的社會共同建構，以及並不排斥其他多元教學方法。誠如 Whitmore 與 Goodman（1995）所言，幼兒的語文能力是由自我建構發明愈來愈走向符應社會傳統形式的連續發展過程。幼兒的語文既是如此發展，幼教老師的工作則是繼續「豐富」此一過程，當幼兒在口說語文與書寫語文試圖努力欲達其發展潛能時，教師應意識此一發展特性，認真「回應」與「支持」幼兒，以創造兒童的近側發展區，使正在發展中的脆弱能力得以轉化、提升。

　　此一教學趨勢與認知領域的其他學科——數學、自然所主張的教學趨勢是一致的，即強調幼兒建構過程中，教師輔以各樣鷹架支持的積極性角色，以提升正在發展中的能力。另一方面，有關幼兒語文獲得（發展）理論則有「行為論」（behavior theory）、「天生論」（innatist theory）、「互動論」（interactionist theory）。行為論視語言之習得受示範、增強等外在因素所影響；天生論認為人類天生就具有一些語言學習本能；互動論則認為天生因素與環境因素互動，共同影響語言的發展（Essa, 1992）。綜觀這些理論可知，語言的獲得不僅涉及內在能力，而且也必須與環境互動，遺傳與環境同等重要。遺傳無法控制，吾人卻可以強化環境，建立口說與書寫語文豐富的環

境，並提供幼兒與環境互動的機會，讓幼兒可以模仿、建構。茲將具體的教學方法與策略討論如下：

一、建立口語對話豐富的生活環境

教學首要之務，乃是建立一個充滿語言交流的生活教室，將說話當成生活的一部分。首先，幼兒每日要沈浸在完全沒有壓力的語言情境中；其次，小組活動與個別學習活動佔作息時間的大部分，有師生間與幼兒間充分的互動交流機會，例如：在娃娃家的角色扮演活動與積木區的合作建構活動，就是非常好的促進語言發展的例子。此外，在圖書角亦可放置為說故事而製作的布偶、棒偶，讓幼兒可以一面操作，一面述說故事。值得注意的是，吾人並非全然否定全班團體活動，有時在團體活動中，教師可示範正確的溝通方式，讓幼兒有模擬對象。在此生活化教學理念下，下列情事頗值吾人戒慎：

㈠教師喜好安靜，終日要求幼兒不要講話。

㈡老師終日絕大部分時間是面對全體幼兒說話，剝奪幼兒發展語言技巧的機會。

㈢老師終日嚴肅且權威地面對幼兒，折損幼兒說話與建構語言的動機與信心。

讓幼兒生活在一個充滿語言的教室，老師同時也必須抓住機會，隨機進行口語互動。譬如餐點時間何妨輕鬆自然地與幼兒交談，在戶外遊戲場當幼兒高興地說：「老師，看我，我比你高！」可適時地以一種記者「實況報導」的口吻說：「對！你爬上了樓梯，站在溜滑梯上，所以你比我高。」或者是當班上有特殊事件發生，諸如：寵物死了、幼兒跌倒受傷、生日派對等，宜因勢利導讓幼兒把他的感覺「說」出來，並適當回應，此即生活中取材的道理。此外，在一個生活化的教室中，教師的角色是一個傾聽者、發問者、促發者、回應者，同時也是個示範者，示範合宜的溝通方法與行為。

二、適時進行語言活動或遊戲

當然教師亦可刻意設計團體進行的語言活動或遊戲，舉凡晨會問候時間，說故事、故事接龍與重述故事，唸完故事書後之討論與戲劇扮演，語言遊戲，手指謠、兒歌教唱等，都是立意頗佳、可促進語言發展的教材來源。「語言遊戲」包含甚廣，例如：接字（氣—氣球，球—球鞋，鞋—鞋店，店—店舖……），造句（如果我很高興，我會……），為熟悉的歌謠改詞（改編「大象」歌：河馬、河馬你的嘴巴為什麼那麼大，媽媽說嘴巴大，才能吃得多……），為流行的口調（RAP）改詞（如：跳！跳！跳給你看，唱！唱！唱……），其他尚有繞口令、傳聲筒遊戲、比手畫腳等。在遊戲中讓幼兒「練習」或模仿說話，是除讓幼兒「建構」語言外，可資補充的策略。就此，教師的「說故事技巧」就顯得十分重要，通常要注意的是：正確發音、抑揚頓挫，甚而須隨人物、情節而變換音質、音色、音調與速度，並配以合宜的肢體動作。幼兒非常喜歡聽故事，教師若能說得精彩，必能吸引幼兒，是最佳的語言學習機會。

三、建立讀寫材料豐富的生活環境

學前階段最主要的讀寫目標，是加強對印刷文字的接觸機會與對印刷文字的概念理解（Clay, 1991; Teale, 1984），我們要讓讀寫環境與口語環境一樣地經常化與廣泛化。讀的材料主要指「環境文字」與各類圖書、印刷品。所謂環境文字，例如：圖書角有「安靜」的標示，牆上貼有常規提示「請小聲走路」，每個學習區標示有區域名稱，教具、設備寫有名稱，每日作息、輪值表是圖書與文字配合的大字畫報，熟悉的手指謠亦如是張貼於牆上等，甚至園內各處亦可充滿環境文字。環境文字處於實際情境，並配以圖片，使其成為生活的一

部分，對幼兒非常有意義。各類的圖書除放於圖書角外，各角落亦可有輔助的圖書，例如：科學角有小百科全書、美勞角有畫冊、積木區有建築方面的參考書籍。除圖書外，舉凡各種印刷品，例如：購物廣告單、建築售屋廣告、雜誌、電話簿等皆可陳列。在此，吾人特別要強調的是幼兒圖畫故事書對幼兒的聽、說、讀、寫能力均有裨益，選擇優良的圖畫故事書顯得格外重要。目前國內有發行美國兒童圖畫書最高榮譽之凱迪克大獎（The Caldecott Medal）與世界其他各國得獎之圖書，國內亦有兒童文學獎，這些得獎書可作為選書之考慮。至於寫的材料則包括各式的筆、紙材、辦公室用品（釘書機、迴紋針、便條紙、信紙、信封等）與輔助教材（注音符號磁鐵板、國字印泥章、注音符號表等）。讀寫材料愈真實愈能將幼兒帶入讀寫情境，因為幼兒可模仿爸爸辦公、醫生開藥方等現實生活情節。此外，寫的材料與讀的材料相同，可放於各角落，例如：科學角，當幼兒觀察昆蟲後可立即記錄其觀察所得，再如積木角，當幼兒搭建積木城堡時，可將其傑作畫下，留下永久記錄。

四、在有意義的情境中觸涉讀寫

幼兒之讀寫經驗應融入真實的生活情境中，使其了解文字的運作意義和溝通功能。在生活中與文字互動主要包括二項：第一，讓幼兒觀察他人使用讀寫技巧，以體會讀寫功用。例如：觀察老師寫家庭聯絡簿、教室備忘錄、製作常規提醒的標示，或寫紙條給園長請幼兒傳送，或觀察老師記錄幼兒在團體討論中的發言（星期天去哪裡玩？到動物園看到什麼動物？），即所謂的經驗圖表海報（見薛曉華譯，《全語文幼稚園》）。第二，讓幼兒從聽、說、讀、寫的統整過程中實際運用語文。例如：讓幼兒畫出校外教學（或快樂假期）的個人經驗（寫），或者是畫故事內容或讀後感（寫），老師照其口述（說），在作品上補上文字（寫），完成後可以唸（讀）給全班聽（聽），還

可以放在圖書角以供借閱（讀）。此外，幼兒、老師可以合寫／畫班級訊息，帶回家給家長讀；或讓幼兒讀新購電器用品、教具的說明書，再說給老師聽；或讓幼兒一早來園簽到（可簽自己名字或畫圖皆可），回家前畫記或口語述說今天學習成果等。以上這些活動都可讓幼兒理解語文的真正溝通功能，並學到聽說讀寫，尤其是寫的技能（Dyson & Genishi, 1993）。

五、從遊戲探索中實際運用語文

此係指從幼兒自發性的角落探索遊戲中，實際使用口說與書寫語文。舉例而言：在娃娃家，幼兒可依扮演主題之不同，討論角色與情節（聽、說），閱讀廣告型錄、電話簿（讀），隨興模仿醫生開藥方，寄信、訂單、購物單，製作錢幣（寫）等。在積木角幼兒可查考建築書籍（讀），或與他人討論（聽、說）如何搭蓋積木，並以紙筆記（畫）下作品；在科學角可讓幼兒參閱有關的自然圖書（讀），並記錄觀察心得（寫）。從遊戲中實際經驗聽說讀寫的學習方式是有趣與有焦點的。教師的角色則是觀察以了解幼兒語文能力，並給與必要的支持、協助，甚而可參與幼兒的遊戲，在遊戲中示範並提升幼兒的語文能力。

第肆篇

幼兒心靈領域課程
——社會與創造力

　　情緒、社會性及創造力的發展與幼兒的自我概念、自尊、自我表達有關，是個體心靈健全發展的要素。本篇「心靈領域課程」旨在探討幼兒心靈領域方面的發展概況與如何透過課程促進幼兒心靈領域的發展，共計三章。第九章著重在幼兒情緒／社會領域以及創造力領域發展概況，第十章則探討該領域各學科教學內容，包括情緒／社會、音樂、美勞等，第十一章則探討該領域各學科當代教學趨勢與教學策略。

9 心靈領域發展概況

　　本章共計兩節，旨由學術研究角度，依次敘述幼兒於情緒／社會領域以及創造力領域的發展概況，以作爲課程設計之依據。

第一節　情緒／社會領域

　　兒童的經驗世界由內而外有三：個人世界、人際世界與人外世界，個人世界與人際世界均與「人」相關，人外世界是指與人無關的自然界事務與知識（見下頁圖 9-1）。「個人世界」意指兒童認識自我、肯定自我、管理自我情緒的經驗。「人際世界」意指了解他人、與人發生關聯、與人交友共處等與「人」相關的「人際關係世界」（呂翠夏譯，民 76）；除此之外，尙包括與人際「事務」面向相關的「人際事務世界」。因爲人是生存於社會之中，人類有互動就有事務產生，例如：人們現在所發生之事（政治、時事等）、人們過去所發生之事（歷史）、人們所居住的大環境問題（地理）、人們維持生計問題（經濟）、不同族群國家間互賴並存等社會性事務。故兒童的社會世界實包括狹義的個人世界與人際關係世界，以及廣義的人際事務（社會）世界三大面向。由上可見，個人情緒發展與社會性發展任務佔幼兒生活的比重極高，即使個人學問淵博、能力出眾，若缺乏自信、「EQ」與「做人」能力，所有的榮耀均被「社會性無能」所遮蔽。

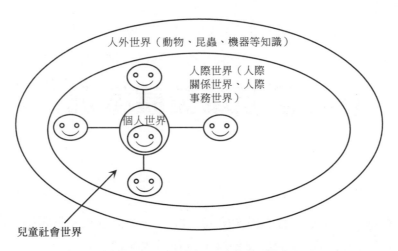

圖 9-1　兒童的經驗世界圖

　　社會性發展涉及自我與他人知識的螺旋狀增進（Edwards, 1986），兒童必先自我肯定、管理情緒，才能將觸角外伸與人交友共處，個體自我與情緒發展實影響社會性發展；反之，對他人的新體驗與知識亦有助於了解自我。簡言之，高 EQ 者必有助於人際關係，「做人」成功者則更能增進自我了解與認同。另一方面，具有充分的人際社會經驗則是將自己定位於世界中，有助於了解周遭世界事務的運作，社會性發展實影響對社會事務的理解；反之，對社會事務的充分理解則有助於自我肯定、認同與促進人際關係。幼兒的情緒發展、社會性發展與對社會事務的理解發展是息息相關的，也是彼此交織漸進發展的。

　　情緒／社會領域的發展始於「自我概念」（self-concept）的建立。根據Kostelnik、Stein、Whiren與Soderman（1988）等人綜合各方研究，歸納出自我概念的發展有幾個層次：學步期幼兒在二十至三十個月時就能分辨自己與他人，並在鏡中或照片中以口語說出「我」，指認他們自己。學前幼兒初始是以外觀特徵來辨思自己，即男或女、年齡、長相、擁有物、居住處；之後則聚焦於與他人相較的特徵，如：我比他高，我的電腦遊戲比他多。他們注意的焦點是「此時此

地」，對過去與未來個人的狀態甚少推論，將自我（self）意涵與外觀身體意涵連結，一些不可觀察的心理特質是較難想到的。五、六歲幼兒的自我概念開始延伸他的身體至活動上，如：我上體操課，我走路去上學。這種與身體有關的活動成為自我概念很重要的一部分，會持續至七歲進入具體運思期。具體運思期兒童的自我概念則愈來愈抽象，包括可見的特質與心理的特質，至小學六年級已幾乎完全指涉他們所認為最重要特質的內在狀態，不再依賴幼兒時的具體外觀認同。

自尊（self-esteem）包括能力與價值兩方面，其發展也與自我概念一樣是漸進的。學步期與學前期幼兒由於自我概念根源於此時此地，所以他們認為自己不是完全地有能力、有價值，就是完全地無能力、無價值。他們以一種全然性方式來評價自己，這一刻他滿意於自己能端好盤子食物不外灑，下一刻則嚎啕於另一位幼兒拒絕和他一起玩，覺得自己什麼事都不能做。到了小學階段，幼童則能以各個不同領域來評價自己的價值，他可能對自己在體能活動的表現上深感滿意，但在學業上則不滿意。

人有喜、怒、哀、樂、害怕等情緒，在人的一生當中歷經了情緒發展幾個重要階段，日趨進步與成熟。Erikson（1968，引自 Kostelnik et al., 1988）是這方面最有名的學者，他曾指出人的一生歷經八個情緒發展階段，每個階段皆有其正向情緒與負向情緒，彼此爭戰，其主要的發展任務是解決此一衝突態勢、趨向穩定狀態。其中有三個階段發生在學前期，在一歲嬰兒期是「信任對不信任」階段，即發展「自信、對世界信任」對發展「絕望、不確定、懷疑」的衝突；在這個階段發展了正向感覺的幼兒認為「我是很好的」。在二歲學步期是「自主對羞疑」階段，即發展「自立、自導、自主」對發展「羞恥、懷疑、依賴」的衝突；在這個階段發展成功的幼兒認為「我可以做決定、我可以自己做事」。四、五歲學前幼兒期是「積極創造對罪惡」階段，即發展「能力、建設性運用精力」對發展「罪惡感、不符成人期望」的衝突；這個階段發展成功的幼兒會認為「我有能力、我可以

成就」。兒童情緒的發展歷經很長的過程，李丹（民81）基於諸多研究，歸納其發展趨勢為：(1)由外顯到內隱的表現形式；(2)由衝動到自制的情緒控制能力；(3)由直接到間接、具體到抽象的情緒動因；(4)從生理需要至社會性需要的表達內容。

至於幼兒如何看待情緒，學前幼兒認為情緒由二部分組成：(1)它是一個情境，如生日、園遊會、爭吵；(2)它是對那個情境的肢體反應，像是哭、大笑（Harris, Dlthof, & Terwogt, 1981，引自 Kostelnik et al., 1988）。幼兒將情緒反應視為肢體感應而非自我思考的結果；換言之，情緒與身體生理需要連結，飢餓、口渴、想睡等同於悲哀、憤怒、害怕，滿足了這些生理需要等於喜樂，將情緒與身體狀態同視，少注意情緒的心理層面。此外，幼兒也無法理解情緒的複雜性，他們認為人們在同一時間僅能有一種情緒，即當人們憤怒，他們完全憤怒，沒有第二種情緒存在，直到五、六歲幼兒才開始意識人們在同一時間可以同時擁有一種以上的情緒。對於別人的情緒，幼兒乃僅依賴行為反應去了解某人的情緒，而非整個情境。當幼兒漸漸長大，他們才愈來愈能意識到廣泛的情緒表達方式。

幼兒的情緒／社會性發展與認知發展是有極大關聯的，例如：若想了解一個人行為的結果，一定要有某種程度的智能理解。把思考運用在個人與社會行為上便是「社會認知」，它包括了四個程序：界定（defining）、感覺（sensing）、作決定（deciding）與採取行動（acting）（呂翠夏譯，民76）。這四個程序涉及邏輯思考，因而藉著鼓勵幼兒思考如何界定經驗，感受其直覺與感覺，設法解決問題與採取行動，可以增進其成長機會與成功的人際關係。個體有情緒──喜、怒、哀、樂、害怕等，這些情緒有其刺激因素而產生，例如：被拒絕、被阻礙、身陷危險、成就發現等。然而，個體認知經驗與成熟影響一個人解釋各種刺激因素狀態。依據皮亞傑認知發展階段論指出，整體而言，前運思期幼兒欠缺邏輯思考能力，而且其思考是非常自我中心傾向的，即用自己的角度與觀點來看世界，很難角色轉換意

識或了解他人的觀點，即無法做到觀點取代。在社會認知的研究領域中，對角色（觀點）取代能力的發展，十分受到重視。

　　三歲幼兒甫入幼兒園，開始過著與家庭不同的團體生活。此時的幼兒正從獨自遊戲階段，進入與友伴共玩時期，在這種自我中心意識與欠缺角色（觀點）取代能力情況下，並在強烈、直接的情緒表現方式下，常出現爭奪、打架、哭鬧的負面行為，造成課室的棘手問題。然而，正如第參篇有關認知發展章節，當前有許多學者已證實學前幼兒也會遠離自我中心作推理思考。換言之，他們亦能作觀點取代意識或理解他人想法，其觀點取代能力是隨年齡增長而發展愈臻良好，非展現全有或全無狀態（潘慧玲，民84）。採特定領域觀的學者也會力辯在人際關係領域有長足發展與經驗的幼兒，其「社會認知」定會高於其他幼兒。因此，有關幼兒的情緒／社會性發展，吾人應持個別差異觀與逐漸發展觀，並非所有幼兒均是缺乏社會能力或社會知識的。

　　家庭與友誼概念是幼兒社會認知的主要部分，這兩個概念是由自我推及社會世界的起始點，尤其是基於血緣關係的家庭。根據Edwards（1986）的研究指出；發展家庭與親屬概念是一個複雜與多步驟的認知工作，無論是任何文化的兒童均歷經四個順序發展的階段——具體類化概念、早期關係概念、後期關係概念、完全關係概念，學前與小學時期屬前三階段。茲分述如下：

(一)具體類化概念階段（ Concrete categorical concepts ）

　　三歲左右的幼兒將親屬稱謂當成「社會標籤」來使用，他們將最普遍的親屬稱謂——媽媽、爸爸、奶奶、爺爺用於家庭之內與之外的人們，例如稱任何所見的老年人為爺爺或奶奶。雖然他們將人們歸類於某一親屬稱謂，但他們卻無法理解親屬關係。例如：「媽媽」是一個女人，「兒子」是一個男孩子，但他們卻無法將這二個類別關聯在一起，理解為了要成為一個母親，一個女人必須要有一個兒子或女兒。幼兒的焦點是在靜態的性別與年齡特徵，因此他們不會認為一個

老人是一個父親或哥哥，她會認為他一定是個祖父。

(二)早期關係概念階段（Early relational concepts）

大約四、五歲學前期幼兒開始直覺地了解一個親屬稱謂涉及二個人之間的關係，然而他們的思考仍很具體與當前取向，所以仍爭戰於親屬關係的真正本質。此時期幼兒是以親密關係性來定義親屬關係，如親密情感、同住一處，所以他們會認為同住一個房子者、彼此甚為喜歡者為親戚。對於家庭概念也是基於親密性而非血緣親屬關係。

(三)晚期關係概念階段（Later relational concepts）

幼兒在六、七歲開始能協調多種親屬角色使成一個關係網絡，此時期最大的特徵是他們能理解一個人可以擁有許多親屬角色，例如：小威的媽媽同時是爸爸的太太、外婆的女兒。此時期的幼兒開始由親密性的家庭定義移向一個血緣基礎的定義，當一個家庭成員搬離家裡，那個人仍是這大家庭中的一部分，因為他或她仍與自己有關係。當然仍有一些親屬稱謂對此時期的幼兒較為困難，例如外甥、嬸婆等涉及較多的邏輯思考步驟。

至於友誼概念的發展，Edwards 復指出與親屬／家庭概念一樣，亦歷經三個順序發展的階段：

(一)具體類化觀念階段（Concrete categorical concepts）

二、三歲幼兒使用朋友語詞時是把它當成一個簡單的社會標籤，他們對任何已是如此標籤的特殊人物皆稱之為朋友。他們不談論友誼這個字眼，但他們的確有喜愛或較親密的同伴。

(二)早期關係觀念階段（Early relational concepts）

四、五歲幼兒開始有粗淺的朋友概念，但其朋友定義是建立在共

同連結一起或促進遊戲管道之上。當一個幼兒對另一個幼兒說：「你是我的朋友嗎？」通常他是指：「你要玩嗎？」、「我仍可參加這個活動嗎？」、或是「我可以加入嗎？」。同樣地，當他說：「你不是我的朋友」，他通常意謂「我生氣了」、「我想自己一個人玩」、「我現在寧可與別人玩」。因此，早期關係觀念階段的幼兒對朋友的概念是自我中心的、目前取向的，並焦集於具體與外在的；朋友是一起玩，共享食物、玩具與其他有價值之物，朋友並不具有長久關係本質。

(三)晚期關係概念階段與抽象概念階段（Later relational and abstract concepts）

幼兒約在七、八歲或更晚，能了解朋友的深層概念，此時朋友是一個很好並且互助的人。剛開始時焦點是放在可互相交換的具體物質與服務，然後慢慢地隨時日移向較不可觸及的內在感情、祕密、諾言等。此時朋友被視爲是一個長久關係，不再是一個互換好處或當下情境，甚而友誼乃基於互信，當然也可被拒絕。到成人階段，其友誼的概念則更上一層。

Robert 與 Selman（1979，引自 Kostelnik et al., 1988）則將友誼概念的發展劃分爲五個重疊發展階段：(1)零階段（三至七歲）──當下玩伴期，好朋友是經常在一起玩，或住在隔壁，或擁有某種玩具；(2)階段一（四至九歲）──單方協助期，好朋友是予我好處，取悅我者；(3)階段二（六至十二歲）──雙方利益合作期，好朋友是彼此互好互利、共享利益、共同合作者；(4)階段三（九至十二歲）──親密共享關係期，朋友開始真正涉入彼此生活中，享受情緒的支持，但卻具有同一時間只有唯一最佳朋友的獨占取向；(5)階段四（十二歲以上）──成熟友誼期，好朋友是友誼關係，共同珍惜情緒與心理利益，且不再具有獨占性，好朋友可同時與他人建立友誼關係。基本上，Robert 與 Selman 二

人的幼兒友誼概念的發展，其看法與Edwards相同，也是由當下、具體性、自我中心漸進發展至內在心理層面的互惠狀態。

至於人際間社會事務運作（包括歷史、地理、經濟、政治事務等）相關概念的理解，其發展狀況如下。

首先是有關經濟概念的發展，Schug 與 Birkey（1985）以及Kourilsky（1985，引自 Seefeldt, 1989）提出了經濟發展的三個思考層次，與皮亞傑認知發展三階段相對照：(1)無法省思期：其推理思考乃基於物體或程序的物理外觀特徵，是高度的表面推理，與皮亞傑前運思期相當；(2)過渡推理或萌發推理期：是較高層次的推理，與皮亞傑具體運思期相當；(3)經濟推理省思期：能運用抽象概念，與皮亞傑形式運思期相當。的確，六、七歲以前的幼兒較無法理解從生產到消費的連鎖關係，他們認為零售店自己製造物品，不認為它是長串交易鏈中的一小環。同時，他們也沒有「賺錢」的概念，認為老闆喜歡把物品給人。對於擁有經濟資源與管理經濟資源間二者的差別也無法區辨，沒有經濟控制的概念，他們認為使用或接近某物就是擁有它，對於經濟層級──老闆、管理者、員工沒有概念。有關經濟次概念──金錢的價值與使用，Edwards（1986）曾綜合各方研究歸納其發展趨勢。三至四歲幼兒對於「購買需要金錢」只有模糊概念，在其扮演遊戲中常見顧客未給錢，或老闆未收錢但找錢給顧客的現象，金錢並未被視為交易的一部分。四至五歲較大的學前幼兒了解金錢與購物有關，但缺乏數學概念，無法理解金錢的價值，他們不能理解為什麼錢會不夠買某種東西。六、七歲幼兒則建立金錢與貨品的對應關係，即金錢有價值，貨品有價格，愈年長則愈能理解找錢與所購物品的互補價值。

有關經濟分工──各行各業（職業）概念的理解，二、三歲幼兒思及某一角色時是與其他角色孤絕的，例如：在扮演醫生時，他們並未想到病人。約在四、五歲時開始理解角色涉及互補關係，如醫生需要病人，老師需要學生，老闆需要顧客。但是他們的職業角色概念仍

然是不成熟的。首先，他們無法了解「多重角色」——一個人可以同時是病人的醫生、老闆的顧客、某人的先生；其次，他們也無法將角色與其具體活動分開，例如：當醫生下班了就不再是醫生了；此外，他們無法將角色與佔有此一角色的人物分開，對職業角色的改變也無法理解，例如一個醫生不可能是一個畫家（Edwards, 1986）。

　　從上述幼兒經濟概念的發展，可看出是漸進的。四、五歲學前期正是許多概念開始萌發之時，吾人不應把焦點全放在幼兒不能之事，應珍惜其正在萌發的細微能力，因其爲未來能力的幼苗·另一方面，幼兒有其個別差異性，實不能忽視。事實上，研究也證實有些經濟概念是可以成功地教給幼兒的。例如：Robison與Spodek（1965）發現五歲幼兒能理解勞動分工、金錢與價值、獲利與職業概念，而Kourilsky與Kehret-ward（1984）則發現幼稚園小朋友能連結工作與職稱，Darrin（1968，引自 Seefeldt, 1989）亦發現幼稚園幼兒可以成功地教導生產分工、貨品運用等概念。

　　幼兒對其他社會事物的概念發展，如：歷史、地理、政治等，其實與經濟概念的發展類似，學前幼兒多偏向於當下環境與基於個人經驗，反映自我中心與直覺思考（Seefeldt, 1989）。以「政治概念」發展爲例，五歲前兒童的政治概念乃由家中、學校與電視媒體所蒐集來的片段訊息所組成，這些概念典型地反映幼兒缺乏綜合資訊與認知能力。他們的政治概念充滿政治人物、卡通人物、熟悉人物，彼此交織混雜而成的事實與傳說（Connell, 1971）。五歲幼兒似乎有政治符號、政治旗幟、歌曲故事的政治概念知識，直至七歲幼童才開始建構政府與政治世界的簡單概念，但初始卻是不完整與片面的。Seefeldt（1989）綜合各方研究，將兒童政治概念的發展歸結爲：(1)政治概念始於幼兒期，其發展過程是持續的；(2)基本依附與認同是所獲最早政治概念之一；(3)兒童視政治權威人物爲正向與個人化的，情感與愛意先於政治知識而發展；(4)直至童年晚期，兒童才可分辨不同的政治角色，與獲得理解政治世界的基本現實資訊。

　　發展是持續漸進的，對於學前期幼兒任何社會事務概念的發展，吾人以為應看重幼兒初始萌發的知能，並意識幼兒的個別差異性。例如：有些幼兒自小生長在一個政治家庭，看著父母競選、政見發表與談論政治，其對政治概念的理解表現與推理應是超乎一般幼兒的。而持特定領域觀的學者也會力辯幼兒在經濟領域有長足經驗者，其推理與發展應有精進表現。例如：家裡開商店者自小與金錢接觸，看父母進貨、出貨，其經濟概念自然較為發展。其實，無論是幼兒情緒／社會性發展，或者是社會事務概念的發展，均是漸進萌發，趨於成熟的，而且個體之發展速率與內涵均有差異性。

第二節　創造力領域

　　有關創造力的定義吾人已在第四章第一節述及，它是指「由無生有，或由某一狀態轉換至另一狀態的能力（人格特質）、過程與成果」。誠如May（1975，引自Hendrick, 1992）所言：將新穎帶入現實世界的一個過程，即為創造力。吾人以為個人能力與人格特質固然重要，所歷經的過程與產生的結果對創造力的貢獻實不可磨滅。創造的能力包括敏覺力、流暢力、變通力、獨創力與精進力等。

　　有關創造力的發展，根據Gowan（1972, 1979）的發展階段論，人的一生創造力的發展是由起伏交替的三個階段所構成，即潛伏、統整、創造期，每一大階段又內含此三個小階段。以學前階段為例，一歲以前的嬰兒期是屬於潛伏期，一至二歲是統整期，三至五歲是創造期；而小學階段六至十二歲又進入潛伏期，依次為統整期（十三至十八歲）與創造期（十八至三十歲）；之後又進入此三階段之交替發展期。三至五歲學前幼兒正逢創造期，積極自主，是創造性自我表達顛峰期。Gowan的階段論綜合皮亞傑與Erikson的理論，其幼兒期正等於皮亞傑認知發展的「前運思期」與Erikson情緒發展的「創造進取

對罪惡期」，主要特徵為運用大量精力於探索與試驗周遭環境，積極於自主發展。Gowan指出創造力發展的起伏交替性，也為多數學者所印證，認為創造力是呈不連續性的跳動發展，有時上揚、有時下降的現象。基本上，在學前期創造性顯著上升，到了五、六歲時則會逐漸退縮（盧素碧，民82）。

　　幼兒的創造力表現在許多領域，涵蓋思想與行為。諸如：童言童語的天真獨特，實有別於成人的世故刻板；孩子的繪畫表現方式常獨幟一格，如水成紅色、樹變紫色；孩子所說的故事充滿幻想與神妙；孩子的歌常曲不成調、自編自唱，樂於其中。美勞與音樂可以說是最容易表現創造力的領域，茲說明其創造力發展概況：

一、美勞領域

　　有關兒童的繪畫，其相關理論甚多，如：發展論、認知論、心理分析論、知覺論等，雖然每一個理論均異於其他理論，但他們都一致認為兒童的視覺藝術有其發展階段（Seefeldt, 1987）。Lowenfeld（1947）是提出發展階段論的先驅，根據我國國立台灣藝術教育館所編印之《藝術教育教師手冊》（蘇振明等，民87），幼兒繪畫的發展乃歷經幾個時期：

(一)塗鴉期（The scrible stage，一至三歲多）

　　這個時期相當於皮亞傑的感覺運動期及前運思期的初期，幼兒用他的整個身體來探索周遭世界，例如常見孩子在用手捏塑麵糰時，也會用嘴去嚐嚐它的味道。在作畫上也是一樣，初期筆對幼兒而言也是個玩具、探索的工具，他會用來敲、打、舔、吸；當落於紙上就形成點與線，毫無具體圖像，甚至有些錯落雜亂，像是胡亂塗鴉。因此，此時期幼兒的繪畫表現被稱之為「塗鴉期」；換言之，處於繪畫發展塗鴉期，幼兒正用他的手部與筆在探索這個世界。幼兒的塗鴉有無秩

序塗鴉與縱橫線條塗鴉（范瓊方，民84）。在塗鴉期的後期，幼兒語言快速萌發，常指著自己在紙上的傑作告訴別人他畫的是什麼，這種用正萌發語言解說自己的塗鴉線條，又稱之為「命名塗鴉期」（蘇振明等，民87）。

㈡前圖式期（The preschematic stage，三歲多至五歲多）

三歲多的幼兒愈來愈進步，能掌握自己的手部運動，手眼協調地畫出類似圓圈或卵的圖形，一旦出現此一現象就是進入了所謂的「前圖式期」，因為圓圈稍加變化就成各種各樣的有意義圖形。例如：圓圈加線條就構成「蝌蚪人」，蝌蚪人具有大大圓圓的頭，非常顯著，可以說是前圖式期的代表。此時期約為幼稚園中、小班。其他諸如圓加線條就成太陽或花等，幼兒在發現他們能在紙上畫出線條記號沒多久，似乎就能作出美的選擇與視覺上的決定決定了（Gardner, 1980; Zurmuehlen, 1983）。

㈢圖式期（The schematic stage，五歲多至八歲）

圖式期幼兒除延續畫圓的能力外，其手眼協調能力更為精進，能畫出三角形與方形，結合點、線、圓、三角形、方形，其構圖內容愈來愈豐富。此時期兒童乃自我中心取向，其想像力、好奇心特別濃厚，常以自己觀點來想像天地萬物，因而所繪的圖非常具有特色，也十分可愛，常具擬人化特色，畫出萬物的臉形表情。其次，圖式期幼兒的圖常是個人經驗的寫照、認知的表達，其畫風主觀而誇張，例如看完棒球賽，為了強調球被球棒擊中，他會特別加大球棒或球（強調式畫法）；或者是將影片中的壞人塗成一團黑色（報仇式畫法）。此外，幼兒的畫風還採用透明式的畫法，將隱藏事物外顯（如畫肚子中的小嬰兒），以及移動視點或展開式的畫法（如桌子的四隻腳向四方展開）。潘元石（民81）歸納圖式期幼兒作畫特徵計有九種，除上述數種外，尚有基底線畫法、並列式畫法、裝飾性畫法、改變形體畫

法。直至九歲左右，幼兒的繪畫才漸漸回復實際與自然的寫實表現。足見幼兒的繪畫發展是由點、線、圓、其他幾何圖形依次逐漸發展而趨於成熟的。

Feeney等人（Feeney, Christensen, & Moravcik, 1984，引自黃慧真譯，民80）將幼兒在藝術上創造力的表現分成三大階段，可資吾人參考。嬰兒與學步期幼兒（〇至二歲）是屬於感官經驗反應期，相當於皮亞傑的感覺動作期；較小學前幼兒（二至四歲）是屬於藝術的操作式階段，相當於前運思期；較大學前幼兒（四至六歲）是屬於藝術的符號階段，亦相當於前運思期，但其創造力表現變得更複雜、更具象。各階段藝術表現特徵如下頁表9-1所示。

二、音樂領域

依據 Andress（1995），幼兒的歌唱發展遵循以下順序：(1)從事聲音變調遊戲；(2)吟唱自己的隨性調；(3)聆聽傳統文化中的歌曲；(4)吟唱傳統歌曲中的重要特徵（如最明顯的文字、重複的旋律）；(5)配合旋律、曲調吟唱歌詞時，技巧日益進步。幼兒在兩歲半後能漸漸哼唱片段的兒歌曲調，約四歲時，還會把兒歌的反覆部分及個人特有的動機、樂句，以各種方式排列組合、自行創作。Gardner（1992，引自楊艾琳等，民87）將一、二歲幼兒所發出的曲調時期稱之為「次歌曲時期」（subsong）；兩歲半後的學前幼兒期以現有曲調之片段為自我創作素材，稱之為「句歌時期」（phrase song）；然後才是符合成人歌唱的「定歌期」（stereotype song）。顯示學前幼兒的確有音樂創作的能力，吾人以為句歌期的音樂表現，就有如上篇所述幼兒的「非正式算數」（informal arithmetic）表現與「自創拼字」（invented spelling）表現一樣，均是幼兒的自我建構。大致而言，三至五歲幼兒唱歌時，能大概掌握曲調的輪廓，但無法精確且調性不穩定；六歲幼

表 9-1　藝術創造性表現的發展

年　齡	作為一個藝術者的特性
出生至兩周歲 嬰兒及牙牙學語兒	**對感官經驗有反應** 透過所有感官做探索 由十五至二十個月大開始第一次的畫畫 開始依循「塗鴉」方面的一種普遍性的發 　展順序
二歲至四歲 幼齡學前幼兒	**藝術的操作式階段** 探索並操弄器材 以藝術為一探索性的遊戲 　想發現可以做些什麼 　探索顏料、紋理、工具和技巧 經常重複動作 開始稱呼名字並使用符號 不重視最後的結果（可能不為成人所喜 　歡） 可能在進行過程中破壞成果 在工作中知覺到形狀
四歲至六歲 較大學前幼兒 和幼稚園生	**藝術上的符號階段** 創造代表情緒和想法的符號 表現出所「認識」而非所「看到」的事物 　（可能不為成人所接受） 表現概念或物體重要部分 逐漸開始創造更詳細、真實的工作 做出更明確的圖形和形狀 會預先計畫，然後細心完成 在工作的各方面存在著關係 在進行過程中很少破壞工作

兒則進步許多，精確度及穩定性大增，而且也能大致抓到歌曲的節拍速度，跟著打拍子（楊艾琳等，民 87）。基本上，二歲幼兒平均可以唱五個不同的音符，而五歲幼兒則可以擴增至十個音符（ Jalongo & Collins, 1985)。

　　幼兒期正逢動手操作期，在好奇心驅使下，幼兒均喜探索操弄，尤其是各式各樣的管樂器、絃樂器、打擊樂器等。此時期的幼兒對於音符、五線譜等抽象符號仍無法理解。整體而言，四歲幼兒喜歡創作歌曲，也喜歡實驗樂器；五、六歲幼兒的能力則愈來愈好，開始欣賞歌舞，也能跟隨特殊的旋律，並在樂器上找出簡單的熟悉音（ Jalongo & Collins, 1985 ）。

　　上述Feeney等人將幼兒在音樂上創造力的表現亦分成三階段，可資吾人參考。基本上，零至二歲學步期嬰幼兒其創造力表現於對環境的感覺和探索；二至四歲幼齡學前幼兒創造力表現屬於操作性，並以探索、發現和技能發展為主；四至六歲較大學前幼兒創造力表現更趨複雜並更具象。其各階段音樂表現具體特徵如下頁表 9-2。

表 9-2　音樂創造性表現的發展

年　齡	對音樂所表現的特徵
出生至兩周歲 嬰兒及牙牙學語兒	對音樂感受敏銳 會報以傾聽、歌唱（約從六個月時會發聲，十八個月時會開始唱）、動作等反應，並以玩具、盆罐等器具弄出聲響 喜好歌曲和催眠曲
二歲至四歲 幼齡學前幼兒	對有強烈節奏的音樂感興趣並有所反應 會隨著音樂動作和唱 能感覺到音色的差異 會在遊戲中自己哼唱 能順暢地從 Re 唱到 C 調的 Si 和他人一起合唱時，音調尚無法配合 只會唱一首歌中的片段 喜歡重複地唱同一首歌 以自己的拍子唱 對樂器感到興趣
四歲至六歲 較大學前幼兒 和幼稚園生	喜好團體音樂、音樂活動或單獨歌唱 能聆聽短短的音樂選粹 音程範圍增大（可由低 Si 唱到 C 調的 Do） 與他人合唱時，能更正確地配合音調和節拍 能做出與一段音樂的旋律相配合的動作 能辨識並適當地使用簡單的樂器

10 心靈領域教學內容

　　情緒／社會領域與創造力領域均包含甚廣，各項能力往往透過日常生活與各學科課程結構，加以培養與發展，諸如：社會、美勞、音樂、戲劇等，其內容茲分別敘述如下。

第一節　情緒／社會領域

　　情緒／社會領域可分爲二大方面，一是屬於情緒技巧與社會技巧的培養，另一方面是有關社會事務知識，即一般所指的社會學科。

一、情緒／社會技巧

　　下頁圖10-1揭示幼兒情緒／社會技巧的教學內容，幼兒之情緒／社會技巧包含以下幾項：

㈠自我認同與自我尊重的意義

　　幼兒要認同自己，覺得自己有價值、很重要，且要能獨立、主動，有正向自我的感覺。有了自尊就會有自信去處理實際的情緒問題與動態的社會互動（人際關係）問題。可以說自我認同與自尊是情緒／社會技巧之基礎，建立自我認同感與幼兒自尊意識是培養情緒／社

會技巧的墊腳石。

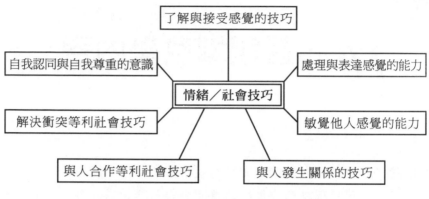

圖 10-1　幼兒情緒／社會技巧網絡圖

㈡了解與接受感覺的技巧

　　感覺沒有價值好壞，所有的人均有感覺，這是極爲自然之事。幼兒首先要認識（命名）各種感覺 ── 喜、怒、哀、樂、害怕、寂寞等，然後試著去接受各種感覺狀態。例如：害怕會哭，被欺侮會生氣是很自然的感覺，有感覺是可以理解與接受的，即使是男孩子也有哭的權力，不用覺得驚懼與羞愧。

㈢處理與表達感覺的能力

　　有情緒是自然之事，重要的是要學習：⑴了解情緒與社會行爲間的關係，即情緒反應所可能引起的結果；⑵以合宜建設性方式表達或抒解情緒。此外，處理感覺的能力還包括處理變動的能力，讓幼兒認識變動是生命中經常發生之事，要挑戰、克服改變所引起的害怕、不安全等感覺。

㈣敏覺他人感覺的能力

敏覺他人的喜、怒、哀、樂等情緒，幫助幼兒做到觀點取代，是與人發生關係、建立與維持友誼關係的重要基石。幼兒除了要敏覺他人感覺外，也要容忍、欣賞不同的人表達其情緒的各種方式，試著以同理心待之。

㈤與人發生關聯的技巧

與人發生關係是幼兒加入社會生活的第一步，他首先要了解家庭生活的意涵，繼而要了解友誼的基礎，並以社會能接受方式促動與人發生關聯的行為，建立友誼互動的滿足關係。

㈥與人合作等利社會技巧

幼兒要了解合作的價值，並能促動與人發生合作互動的行為，如：共同解決某一項問題，或完成某一項工作；並且能敏覺別人的情緒、需求、發揮同理心，實際提供安慰與協助。

㈦解決衝突等利社會技巧

此項技巧意指，當遇到衝突問題時能思考建設性的解決方式，例如：輪流、分享、等待、彼此協議等利社會技巧，而不是暴力地爭鬥。

二、社會領域（科）

幼兒的社會世界其實包含甚廣，除了發展健全的情緒、人際關係技巧以與周遭的同儕、父母、師長互動外，廣義的幼兒社會世界亦包含社區、社會、國家、世界；吾人應幫助幼兒了解這廣義的幼兒社會世界，並助其適存與自我定位於社會之中，社會領域遂成重要且必需的教材來源。幼兒社會（科）領域包括四大主題：當代議題、歷史、

地理、經濟，下頁圖 10-2 即為幼兒社會概念網絡圖，顯示幼兒社會領域的教學內容。吾人以為 Schug（1987）所言甚是，社會領域是研究社會上所發生之事務，社會是由人所組成的，有人就牽扯互動。幼兒身處於社會之中，對於社會自應有所了解。吾人期望我們的兒童能發展對社會事務的好奇心，主要的目的在於培養一個有知識、有見解的公民，他能理解公共事務，也能對社會問題形成合理的意見。

㈠當代議題

當代議題是研究「目前」社會上所發生的或此刻正進行的重大事務，與幼兒生活關係密切，如：登革熱流傳、腸病毒盛行、綁架幼童事件頻傳均與幼兒切身相關。當代議題包含了四個主題：

1. **時事新聞：**每日或近日所發生之各種社會大事。

2. **政治事務：**政治是管理眾人之「事」，通常透過「選舉」，選出管理眾人事務之「人」，以形成「公共政策」。因此政治事務包括公共事務、管理公共事務之人與組織、處理（解決）公共事務的程序與政策等。

3. **環境保育：**人類生存於地球環境之間，然當代最大的問題是環境被污染與破壞，整個地球環境岌岌可危，實有待保育。因此，吾人將環保教育特意放入幼兒課程中，以茲強調。

4. **國際關係與多元文化：**人類活在整個「地球村」中，彼此關係密切，如國際金融風暴各國相互波及，臭氧層破裂整個地球世界蒙害。故幼兒應了解並尊重多元文化的存在，意識各個族群是彼此相互依賴的關係。

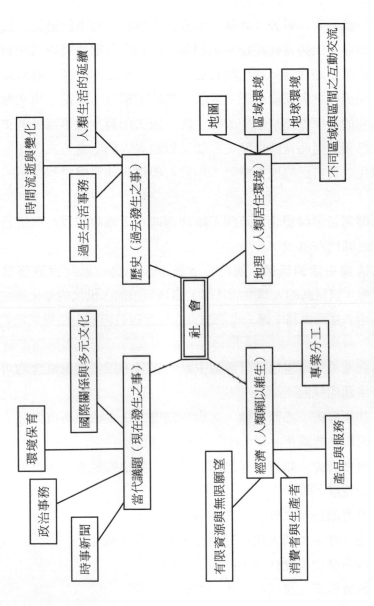

圖 10-2　幼兒社會概念網絡圖

(二)歷　史

歷史是研究「過去」社會上所發生之事務，有別於研究「目前」的當代議題，但與當代議題密切相關，因為今日議題將成為明日的歷史。歷史幫助幼兒看到代代間的連結關係，而正本溯源、尋根以了解事件的前因後果與來龍去脈，當然有助於了解當下情況。研究歷史是時間取向的，學歷史是學「改變」的，過去所發生的事都是歷史，去年的生日對幼兒而言就是歷史。幼兒對過去人們的食、衣、住、行各方面變化以及自己的成長變化，均很有興趣。幼兒歷史包含了三個概念：

  1. **時間流逝與變化**：時間不斷地消逝，天地萬物與社會事務今昔之間均在改變。
  2. **人類生活的延續**：隨時日演進，天地萬物與社會事務雖有改變，但目前的人類生活基本上還是延續前人世代的文化與生活。
  3. **過去生活事務**：過去人們的食衣住行等各方面生活到底是如何。

研究歷史同時也包括了幾個主題的探討，以上幾個概念均可運用於以下主題的探討；

  1. **技術歷史**：如照相機、火車、飛機、洗衣機等科技產品的過去到現在的演化。
  2. **自然歷史**：如自然界的四季變化、生物的蛻變（蝌蚪變青蛙、蠶變蛾）等。
  3. **家庭歷史**：家庭世代間的傳承變化。
  4. **個人歷史**：個人從嬰兒期至現在的成長變化。
  5. **政治歷史**：歷代政治朝代的更迭演進。
  6. **社會歷史**：歷代社會生活的演化進步。

(三) 經　濟

經濟是研究人類如何在有限資源下，透過生產與分配賴以維生，以滿足其基本需求。幼兒常與父母一起購物，接受牙醫、理髮師等人的服務，甚至有一些零用錢，生活中其實充滿經濟活動與經驗。幼兒經濟包含了四個概念：

1. **有限資源與無限願望**：人類資源有限，然慾望卻無窮，如何分辨基本需求與慾望並做明智決定？如何開源節流等？
2. **產品與服務**：經濟生產製造各類可購買商品（如：食品、衣鞋、汽車等），也提供了各式各樣的服務（如：理髮、診治、房屋仲介、瘦身健康等）。認識各樣產品與服務是什麼？以及產品與服務間的區別為何？
3. **消費者與生產者**：如何做一個聰明的消費者？如何使用金錢？消費者權益是什麼？消費者禮儀是什麼？消費者與生產者之區別與關係各為何？
4. **專業分工**：在經濟生產過程中的各行各業是什麼？其工作內容與貢獻各為何？

(四) 地　理

地理是研究人類所居住的家——環境的位置與空間安排，大至整個地球環境，小至周遭立即環境的方位、特徵等。有關地理的基本概念有：

1. **地球環境**：探討地球環境的特徵（被水與陸地所覆蓋），它是整個太陽系的一部分（有黑夜、白天、春夏秋冬四季等）。
2. **區域環境**：認識立即環境的方向、位置、地理特色等。
3. **不同區域與區間之互動交流**：了解不同區域環境的特色與其在大環境中的空間安排，以及不同區域間的交流互動方式。
4. **地圖**：認識地圖的意義與作用。

第二節　創造力領域

　　幼兒創造力的發展可透過日常生活與各個學科加以培養，諸如：
語文領域可讓幼兒發揮創造力與想像力以重編故事；社會技巧的培養
可讓幼兒思考如何創造性地解決人際間的爭執；數學或益智類教具可
讓幼兒創造性地使用發明自己的玩法。尤其是音樂、美術、戲劇等領
域，可讓幼兒自由揮灑表達，對於創造力的培養是非常有力的管道。
在此分述其教學內容（如下圖 10-3）。

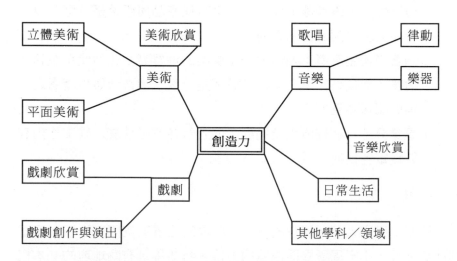

圖 10-3　幼兒創造力能力網絡圖

一、美　術

　　幼兒美術領域之教學內容包含平面美術與立體美術，以及美感教
育等。

(一)平面美術

幼兒平面美術包括繪畫、貼畫、印畫等，以及上述技巧之間的混合使用。

1. **繪畫**：幼兒作畫的材料：筆，除常見的鉛筆、色鉛筆、麥克筆、蠟筆、水彩筆外，亦包括粉筆、刷子、滾筒、蠟燭、棉線等。粉筆可在黑色的壁報紙上留下美麗的痕跡，也可以在水泥地上揮灑創作；蠟燭可為滴蠟畫，蠟粉可為蠟染畫；刷子、滾筒、棉線沾顏料亦可取代筆的作用；甚至運用幼兒手指的手指畫，也是很好的活動。此外，配合一些技巧，就成美麗的摺印畫、吹畫、滴流畫等。至於作畫的「紙」也不限於普通的圖畫紙，諸如：硬紙板、沙紙、棉紙、瓦楞紙、碎布料、紙盒、通草紙盤、木頭、蛋殼、壁紙等均可運用。

2. **貼畫**：運用剪與撕技巧將各類型素材排列組合並黏貼成作品，即為貼畫。貼畫的素材十分多樣，包括人工的素材，例如：各類型的紙、棉線、毛線、冰棒棍、布塊、吸管、棉花、通心粉、塑膠物等，以及天然的素材，例如：花、草、樹皮、葉、果子、豆類、沙、貝殼、小石頭等。貼畫亦可結合各種繪畫技巧加以裝飾，如用各色豆子貼出一隻蝴蝶，再用蠟筆塗繪花園背景；或將貼畫的素材先加以雕塑再黏貼，最後亦可再飾以繪畫，例如：摺紙貼畫、黏土工貼畫。

3. **印畫**：生活中各種實物均可作為蓋印畫的素材，諸如：樹葉、酒瓶蓋、海綿、羽毛、瓶塞、樹枝、鈕扣、松果、花朵、水果切面（如：青椒、柳丁）等，甚至幼兒的手也是很好的蓋印畫材料；若再配合壓、滾、噴、擦、刷等技巧，就成形形色色的印畫。舉如：用樹葉沾染上顏料可以擦印，或在樹葉上覆以紙張用色鉛筆拓印，或在鋪滿樹葉的紙上用沾滿顏料的滾筒滾印，或在鋪滿樹葉的紙上用牙刷及網子噴刷等。當然蓋印素材

除自然物、人工物外、亦可自己製作，例如：在紙上剪出動物造形，或用蕃薯片雕刻人物造形，再配合上述各種壓、滾、擦、噴、刷等技巧，就成美麗的印畫。

(二)立體美術

立體美術包括組合造形、塑形、縫編、紙藝等立體造形。各種技巧間亦可混合運用。

1. **組合造形**：可用於立體造形的素材甚多，舉凡自然界之物（如：羽毛、花、葉、果、豆子、小石頭等）與人工產品（如：冰棒棍、瓶罐、鐵絲、紙盒、捲筒、鐵器、積木、保麗龍產品等）均可運用。舉例而言：用各式紙盒、瓶罐作成一個機器人造形；以各式廢鐵器與磁鐵作成一個廢鐵雕像；用大松果子配上冰棍做成一隻動物；用各式義大利麵雕塑成一間小房子等，實多采多姿。

2. **塑形**：包括捏塑與雕塑活動，捏塑活動如捏塑黏土、陶土、沙、麵糰、彩色油土等；雕塑活動的素材可包括木頭、肥皂、馬鈴薯、紙張、保麗龍板等。

3. **縫編**：幼兒縫編宜用大型針、鉤針或髮夾配以毛線、棉線、塑膠繩、絲帶等以縫（編）成美麗的圖形或實用物品，例如：香包、沙袋（內裝綠豆、小石頭、米粒等）、手提袋、襪偶、填充娃娃等。

4. **紙藝**：運用各類型的紙材配以不同的雕、編、摺、捲等的技巧，可以做出美麗的造形。如：紙雕圖案，紙編花籃、燈龍等，捲紙筆筒、相框等，各類紙偶造形，以及摺紙飛機、紙船、紙球等。

(三)美術欣賞

美術教育不應只是貴族教育或習藝取向，它應是每個國民的基本

素養，是生活的一部分，把美學融入教育對提升人類獨特性——生活品質有所貢獻（Evans, 1984，引自Essa, 1992）。美感教育應自小做起，讓幼兒體驗不同情境的美感，包括藝術作品、自然環境與人為環境（如著名建築物、庭園、公園）之美。在欣賞的過程中教師引導幼兒感受美的原則，如漸層、平衡、對比、和諧等。帶幼兒赴美術館、畫廊、或在教室中張貼與擺設美術藝品、欣賞美術作品與明信片，均不失為介紹幼兒精緻藝術的良策。

二、音 樂

幼兒音樂領域之教學包括歌唱、律動、樂器、音樂欣賞等。

(一)歌 唱

匈牙利音樂教育家柯大宜（Zoltan Kod'aly）認為，幼兒音樂教育的基礎是從「歌唱」開始，因歌唱人人皆可表現，全民普及，不受空間限制，隨時可唱（引自楊艾琳，民87）。二至四歲幼兒應多有機會獨唱或合唱，以增進音調與旋律的正確性，五至八歲幼兒則應鼓勵他繼續即興作曲他們自己的歌（Andress, 1995)。吾人以為，幼兒歌唱教學主要目標應不在於要求音樂上的正確性，而是享受音樂並建立音樂欣賞的基礎（Essa, 1992）。因此，幼兒的自發性歌唱應加以鼓勵，甚至容許幼兒隨口編歌，或吟或唱皆可，或者為熟悉的曲調改詞重唱。幼兒所唱的歌應是節奏明顯或有重複性，音符不多，音域也不要太廣，歌詞淺顯易懂。唱歌是一種享受、美的體驗，避免讓幼兒大聲嘶吼。剛開始時，教師可用問答的方式來進行歌唱，讓幼兒熟悉歌唱方式，漸漸帶入歌曲教學。在歌曲教學時，合宜的示範是必需的，要讓幼兒從歌唱中體會音樂的各種概念，如節奏強弱、快慢等。

(二)律　動

「律動」是結合音樂與肢體動作，讓幼兒藉其身體表達對音樂的感受。教師在設計律動時，可以善用幼兒的各個身體部位，做出移動性動作、非移動性動作或操作性動作，並將動作的重要元素編入，例如：動作的空間高低、方向、大小、動作的時間快慢變化，與動作的力量輕重等。音樂與動作實不可分，老師可將音樂與體能活動結合，例如：讓幼兒隨音樂強弱或節拍強度拍手、踏步走、墊腳尖走、小跑步、向上跳躍、單腳跳；或隨著樂音的高低伸縮身體，或配以絲巾隨音樂的情緒舞出動作。「創造性律動」可發揮幼兒的想像力與創造力，例如：將自己想像成大象走路、魚兒游、蝴蝶飛；或將自己想像成氣球，慢慢地吹氣、漲大、又漲大，在空中飄盪、爆破，或突然放氣；或是想像成一顆小小的種子，蹦出小芽、成長、長出葉子、變成大樹、長成苞、開花、結果、枯萎；或是模仿自然界風、雨、雷、電等各種現象。另外，也可和同伴共同以身體創造出各種形狀或動物，發展合作概念，例如：二人合力扮成四雙腿的動物。所有的幼兒都有機會以他獨特的方式來表達自己，而不是學教師的示範動作，這才是創造性律動的真意所在。

(三)樂　器

在幼兒期應接觸並操作各種樂器，諸如：管樂器、絃樂器、打擊樂器等。教師可以在音樂角放錄音帶，讓幼兒自己跟著節奏敲、吹、打；以及在大團體活動中，隨音樂節拍以鈴鼓、三角架、木魚、響板等小型樂器合奏；或者是為故事情節配樂，以發展節奏感並促進幼兒對音樂的喜好。當然幼兒也可以自行製作節奏樂器（克難樂器）敲打，只要老師能提供豐富的材料，例如：硬紙盒可做成鼓、吉他，裝滿豆子、小鐵釘、米粒的鐵罐可以是各式各樣的沙鈴。

㈣音樂欣賞

音樂教育應是全民教育，而非貴族式壟斷，幼兒自小應培養音樂素養，喜歡欣賞音樂之情操，並使之與生活結合，成為生活的一部分。教師在每日的作息裡，宜適時地配以不同的背景音樂，例如：用餐時間、午休前安靜時間、早晨到園時間或戶外時間，皆有不同的音樂播放，在音樂角則可放置各種風格的錄音帶。諸如：交響樂、吉他演奏、爵士樂、歌劇、民謠、國樂等。若怕干擾，錄音帶大小聲按鈕可用膠帶黏停住或提供耳機。請人到園表演，也是好方式，但不必是專家，鄰家學鋼琴的女孩，會彈吉他的爸爸或大哥哥，或會拉胡琴的爺爺，都是很好的人選。

三、戲　　劇

幼兒戲劇領域之教學內容包括戲劇創作與演出，以及戲劇欣賞。

㈠戲劇創作與演出

創造性戲劇是「一種即興、非表演性，且以過程為主的一種戲劇形式」（林玫君譯，民83）。在集體展延戲劇的創造過程中，教師引導幼兒去思考、解決問題並表達內心世界，戲劇的導演權還在幼兒，諸如：角色的分派、道具的製作、劇情的發展等均是幼兒們全力合作的結果。事實上，創造性動作若和圖畫故事或故事結合就成創造性戲劇，在教師讀完或幼兒自己讀完故事後，可以演出故事情節。甚至幼兒也可自行畫圖或口述故事，由老師以文字記寫並唸讀，讓全體幼兒一起演出故事情節，與幼兒的語文活動結合。此外，幼兒在娃娃家自發性的創造性戲劇扮演，也應加以鼓勵，教師可以將其延伸為全班性創造性戲劇活動。

(二)戲劇欣賞

　　幼兒應有機會欣賞或了解各類型戲劇,諸如:偶劇、舞台劇、歌舞劇、傳統戲曲、兒童劇等,由欣賞戲劇活動中了解戲劇,並增進其審美能力與文化、美感等基本素養。

11 心靈領域教學趨勢與策略

　　本章共計二節，依次敘述情緒／社會以及創造力領域的最新教學趨勢與策略，包括情緒／社會（科）領域、美勞、音樂、戲劇等學科界所主倡的最新教學趨勢與策略。

第一節　情緒／社會領域

　　情緒／社會領域可分為二大方面，一是屬於情緒技巧與社會技巧的培養，一是一般所指之社會學科。茲將其教學趨勢與策略分述如下：

一、情緒／社會技巧

　　學前幼兒時期雖然偏向自我中心，很難完全作到觀點取代，其思考較為著重立即當下與焦注具體外顯特徵，但吾人也不能滅其能力是漸進發展的趨向與個別差異的特質。好的教學應是提升、轉化幼兒的脆弱能力，創造其「近側發展區」，以發展幼兒的潛能。因此，相信幼兒的能力，以鼓勵、讚賞方式增進幼兒的自尊、自我認同，並期待其漸能有智慧與理性地處理情緒／社會問題，成為發展情緒／社會技巧的基石。另一方面，有關幼兒社會化的理論，有所謂的建構論與行為論，建構論乃基於皮亞傑的理論，認為兒童建構所有的知識，包括

社會知識；相對地，行為論者認為所有的社會知識是經由社會傳承的（Essa, 1992）。兩個理論均有其價值，在現實生活上確實有許多社會行為是由觀察中學來的，研究也證實，特別有愛心、溫暖的成人行為模式會影響幼兒的社會行為（Yarrow, Scott, & Waxler, 1973，引自 Essa, 1992），而且兒童也比較會去模仿他們所見到的被獎勵的行為（Bandura, 1977，引自 Essa, 1992）。因此，成人示範、引導、支持幼兒的建構社會知識就顯得十分重要。吾人以為情緒／社會技巧的增進必須從日常生活中涵濡滋育，使之成為生活的一部分，隨機教學有其必要性。茲將其具體的教學策略分述如下：

㈠採取正向的互動方式

前面提及幼兒常以全然方式來評價自己，因此，在平日與幼兒相處時，應多用讚美、鼓勵、解釋取代責罵、歸咎。讚美與鼓勵可以增進幼兒的信心與自我認同。例如：當幼兒為無法完成某項工作而沮喪時，教師可以加以肯定、鼓勵與支持：「我相信你很聰明，一定可以做到，昨天你不是一個人完成那副拼圖嗎？來！讓我們一起來研究看看是甚麼原因？」這樣的互動方式傳達的訊息是：「你是很能幹的。」讓幼兒記起他的能幹，而不被沮喪的情緒所淹沒。有時教師必須稍微「忽略」幼兒的「無能」或「壞的表現」，將焦點放在其長處，特意誇讚之，使幼兒感受自己也有好的一面，提升其自尊，增進促其盡量符合成人的期望。另一方面，教師示範正向的互動方式，可以成為幼兒模仿的對象，對幼兒之情緒／社會技巧必有所裨益。

㈡接納幼兒的情緒並幫助幼兒處理情緒、意識他人情緒

在日常生活中幼兒若有情緒事件產生，教師首先要「接納」孩子的情緒。以同理心表達有情緒是自然的，老師可以理解你的情緒；當孩子的情緒被接受後，其強烈情緒會舒緩，然後老師繼續協助幼兒，先請其思考情緒反應與行為後果間的關係，並鼓勵與建議其採建設性

的抒發或解決方式。例如兩位幼兒爭玩積木，A 用積木擲 B，B 大哭並追打 A，教師詢問幼兒了解原委後，可以與 B 談，先接納他的盛氣：「你被積木打到，一定很疼、很生氣，對不對？你覺得如何？」當B的情緒被接納、了解後，緩和許多，此時教師再續問：「可是你追打 A，A 被打到了會怎麼樣？會不會痛？他會不會再打你？」「下次遇到這種情形你覺得可以怎麼做？」同樣地，教師也可與A談論其情緒與行為，以及二者間因果關係。又當某位幼兒有情緒問題，教師亦可幫助其他幼兒意識此位幼兒之情緒或了解其觀點，助其學習如何表示關心與反應別人情緒，以增進交流互動，滋長友誼。

㈢示範情緒處理方式

教師也可抓住日常生活中自己的情緒事件，將情緒處理的過程與方法向幼兒明示，讓幼兒有模擬對象。例如：「A老師誤會我了，罵我不好聽的話，我真的很難過，我剛開始很生氣想要揍人，但是我知道揍人不能解決問題，反而會把問題愈弄愈大，我覺得很委屈，我哭了，哭過後覺得很舒服，好像沒那麼委屈，我覺得我要再去與A老師聊聊，讓他了解事實的真相。」所以幼兒教師必須要有身教，若幼兒教師處理情緒的方式是摔東西、罵人，那麼就成為幼兒學習的對象，當遇到有情緒問題時也會如法泡製。此外在盡可能範圍內，教師應讓幼兒見到教師之間是如何地互動、建設性地解決問題。

㈣盡量安排舒緩情緒的情境與活動

各個學習角落可以放置讓幼兒發洩情緒的教具或活動。例如：美勞區讓幼兒揉搓、拍打的黏土，讓幼兒大肆揮灑的手指畫與大刷子畫；音樂區可讓幼兒敲打的樂器，讓幼兒隨音樂節拍舞動身體的錄音帶。再如可讓幼兒放鬆緊張心情的沙水箱、木工活動亦是如此。甚至可設一隱密角落，內有沙袋、軟墊，以供幼兒獨處發洩。另外，戶外空間可以提供幼兒跑跳機會，解放情緒，因此，應有充足的戶外遊戲

時間，而非僅淪於下課十分鐘時間。教師更可安排情緒舒緩或發洩的團體活動，例如：柔軟舞蹈、聆聽音樂走線、肢體活動、打水仗等，而在轉換時間更要注意動靜銜接問題，以免引起浮躁騷動。

(五)鼓勵社會戲劇性活動

角色扮演可以幫助幼兒在扮演的過程中，試圖了解他人的角色與感受，以達觀點取代之境；而且角色扮演須多人合作，從角色的決定、劇情的演出均須交流互動，有助人際關係技巧的發展。教師宜將娃娃家布置，放置各種扮演道具與真實物品，鼓勵幼兒進行角落扮演活動。在幼兒扮演時，教師可以在旁觀察，以言語支持戲劇扮演，如問問題：「你覺得小明被哥哥打後的感覺會怎樣？你要怎麼演？」甚或參與幼兒的角色扮演，示範如何「合作」地演出。

(六)盡量安排社會互動的情境與活動

即建立一個社會的環境，包括：

1. 學習角落放置需要幼兒合作互動的教具或活動，例如益智角小桌上擺了一副大拼圖、棋類、牌卡遊戲，或一條長繩橫亙桌面的穿珠活動（可以從兩端合作串珠）；美勞活動時幼兒共享剪貼材料，娃娃家進行角色扮演活動等。
2. 設計增進幼兒合作互動的團體遊戲，如：「螞蟻搬豆」、「黏在一起的爆米花」、「連體嬰」、「合作畫」、「支援前線」、「為盲人帶路」等；或者是引起對方注意、促進關聯的活動，如：「我在說誰」、「我們是一國的」、「他有什麼不一樣」等。
3. 在日常生活中鼓勵幼兒合作進行一項工作，如：共同照顧教室植株、共同清理教室、共同搬運器材設備、共同設計班級海報等。

㈦以團體活動及說故事方式討論情緒與人際互動之利社會
　行為

教師可將幼兒的日常情緒事件或人際互動事件帶到全班活動，讓
大家討論情緒的本質、如何建設性地處理情緒、以及如何與人發生關
聯與互動；或者是當全班面鼓勵幼兒處理情緒的良好事件，或人際互
動中的合作、輪流、等待、協商等利社會行為的楷模，以引起幼兒效
行模仿。教師更可以寓情緒、人際互動事件於故事中，自編故事讓幼
兒討論故事中人物的情緒與其處理情緒方式，以及其社會接觸、互動
技巧。有時則可借助現成圖畫故事書以達所欲的教學目標。

二、社會科領域

社會科領域包含歷史、地理、經濟、當代議題等社會所發生之各
種事務，重要的是如何以幼兒可以理解與對幼兒有意義的方式將這些
內容一一呈現。Bruner（引自 Maxim, 1989）言：任何合宜選擇的概
念，只要以孩童的層次溝通呈現，可以作為教學的教材。吾人以為知
識是在社會情境中建構的，尤其是社會領域知識，幼兒應盡量沈浸在
社會世界中，親身體驗以建構社會概念。由於幼兒社會概念的發展是
漸進的，且富有個別差異性，因此老師應扮演支持性的鷹架角色，以
提升幼兒正在建構中的非正式知識結構。其具體的教學原則與策略如
下：

㈠提供幼兒具體經驗

幼兒的概念學習是具體化與經驗化的，社會領域的學習，首要提
供幼兒具體經驗。以「歷史」而言，過去人們生活中已發生之事即為
歷史，因此邀幼兒之祖父母來園講述其童年生活情形，展示童玩、古

物，就是很豐富的活動；其他諸如：參觀歷史博物館、民俗文化村、古厝等也非常適合幼兒。再如去年的生日對現在而言就是歷史，展示去年生日派對的照片、影片並討論、繪畫個人的成長變化，也是屬於歷史的活動。其次，「經濟」的供需概念可透過實際參觀各種商店、服務業，籌畫班級商店活動，讓幼兒經驗買者與賣者，或至 7-11 商店實際使用金錢等而理解。而「地理」概念則可透過讓幼兒實地探索城區與郊區之差異及其間之互動溝通方式，或者是走訪、繪畫，並製作幼稚園至附近的超市地圖（平面或立體），或是園所本身與其四周環境之個人地圖（平面或立體）而加以認識。再就「政治」概念而言，可讓幼兒共同製作班旗、決定班歌、競選人緣最佳寶寶等活動而體驗政治生活。至於「時事」概念，宜讓幼兒觀看電視新聞播報與討論新聞之意涵，並進行班上生活新聞播報活動。總之，社會領域教材的呈現宜以提供幼兒具體經驗為旨，透過參觀、訪問、邀訪客來園、影片欣賞、扮演、操作、實物展示等方式呈現，才有意義。

(二)布置相關社會情境

教師應將教室布置成相關的社會情境，以促進幼兒理解相關社會概念。舉例而言：介紹古代生活，教室可變成古代情境，展示古物、童玩、古代傢俱等；供給古代衣物讓幼兒扮演；黏貼古代社會情境圖片。介紹經濟概念時，教室可變為各類型商店與服務業讓幼兒實際扮演。介紹政治概念時，班上可變成競選總部，或布置競選政見發表會場，讓幼兒從扮演中整合其片段知識。介紹地理概念時，教室宜有地球儀、各種地理區域圖片，或布置成所探討的相關地理情境。

(三)引導幼兒做社會探索

社會事務十分廣泛，教師除安排環境與提供具體經驗，讓幼兒建構外，也要引導幼兒做社會探索。例如：當對古代生活有不了解之處，教師可以引導幼兒思索如何才能獲得相關資訊，並在教師協助下

實地蒐集資訊，讓幼兒發揮學習自主權。例如：請小娟的曾祖母來教室告訴大家古早的故事、查閱圖書資料、走訪民俗文化村、看「滿清十八王朝」錄影帶、訪問學校祖父母級教師等，這就是所謂在教師的引導下進行社會知識的建構活動，教師可以與幼兒討論、講述，但也須確保幼兒有建構知識的能力。社會科如果只是記憶老師所講述的一些知識、事實（如：台灣第一大都市是台北、一九〇四年日俄戰爭發生、元代之後是明代與清代等），而無親身體驗與建構，則學習對幼兒無意義，也不會持久。

第二節　創造力領域

在美勞領域，有許多理論用來解釋兒童的美術表現，每一種理論對於解釋兒童繪畫的本質都很有用，而且對幼兒藝術教育均有重大影響。這些理論包括發展論、認知論、心理分析論、知覺論。「發展論」是最廣被接受的，即使是其他不同派別，基本上均認同兒童的繪畫表現是遵循可預測的預定發展順序而進步的。持發展論者認為，教師的角色在於提供一個安全的環境與符合幼兒發展需要的美勞活動，只要是正確的活動與正確的經驗，兒童的創意表現就會滋生（Ebbeck & Ebbeck, 1974，引自 Seefeldt, 1987）；亦即只要是符合發展所需的環境，兒童就會遵循預定發展順序而發展。「心理分析論」認為兒童的繪畫是表達其所「感」，反映其內在深層情感的、且通常是無意識的；教師的角色僅是提供一個心理與物理上安全的環境，以及豐富、無限制取用的材料，讓幼兒探索，充分表達其自發的情感，是一個完全以兒童為中心的教學，反對直接教學。「認知論」認為兒童的繪畫是表達其所「知」，兒童雖遵循預定發展順序，但此一發展乃基於其認知，故其教師角色較前二者為之積極。既然兒童的自我表達被視為一個認知的過程，教師除了支持兒童的自我表達與創造力外，還

必須了解兒童的思考。「知覺論」認爲兒童之繪畫是繪其所「見」，而非其所「知」或所「感」，其所見經常是知覺的整體外觀形象，而非每一部分的總合，故其教學目標置於改進兒童的視覺分辨力，助其見到環境中更多細節與重要關係。上述每一個理論對於解釋兒童繪畫的本質都很有用，對藝術教育均有貢獻，可彈性運用於實質教學中。無論是認知論、心理分析論、發展論、知覺論，沒有一個理論贊同教師的角色是講授型，也並沒有一個理論涵示在兒童自由、自發地透過美勞表達其意念時，教師應該直接干涉（Seefeldt, 1987）。

　　而在幼兒音樂領域方面，當代有一些著名的教學法，諸如：柯大宜教學法、達可羅茲教學法、奧福教學法等均是強調遊戲中學習，尤其是奧福教學法非常強調幼兒的創造力、想像力。我國國立台灣藝術教育館（民 87）在所編印之《藝術教育教師手冊──幼兒音樂篇》之篇頭即揭示：幼兒音樂教育目的不在音樂理論的灌輸，而在提供許多接觸音樂的機會，讓幼兒體驗音樂；應是以幼兒爲中心，強調的是培養幼兒歡樂的情緒，而不在於技巧的訓練。美國**國家音樂教育家會議**（Music Educators National Conference，簡稱 MENC，1994，引自 Andress, 1995）亦認爲幼兒音樂課程應是一個以幼兒爲中心的課程，音樂教育的主要目標是培養音樂氣質、喜好音樂、對音樂好奇並且直接參與音樂，然後終其一生成爲一個很重要的力量。一個「以幼兒爲中心」的音樂課程，其基本假定與特色爲：(1)所有的兒童均有音樂潛能；(2)兒童在一個音樂學習環境中會將他們獨特的興趣顯現出來；(3)很年幼的幼兒有能力經由音樂發展重要的思考技巧；(4)兒童的音樂背景與經驗互不相同；(5)兒童應該經歷標準的音樂、音樂活動與器材；(6)兒童不應被要求符合某種表現或成就；(7)兒童的生活就是遊戲；(8)兒童在愉快的物質與社會環境中，其學習狀況最佳；(9)多樣的學習環境是符應兒童個別差異性所必需的；⑽兒童需要成人有效地示範音樂。由上可知，對於音樂教育的目標，無論是國內外均強調在遊戲歡樂的氣氛中，讓幼兒實際接觸與體驗音樂，培養對音樂的習性，是情

意取向而非技巧取向的教學。

　　音樂、美術、戲劇是幼兒最容易表現創造力的領域，而且根據本篇第九章所述，學前幼兒正處於「創造期」，是最能引發創造力臻抵高峰的時期，因此，在課程與教學上應盡量強化創造力的發展。在第貳篇第四章第二節「幼兒創造性教學」中，吾人提及實施創造性教學的基礎有五：(1)營造支持性的氣氛；(2)建立自由選擇的環境；(3)提供開放性的教材；(4)詢問思考性的問題；(5)扮演低主導性的角色。茲以音樂、美術、戲劇等領域實例來闡述這五項教學策略。

一、營造支持性的氣氛

　　孩子的藝術創作本就無好壞之分，它是自我表達內心狀態的一種媒體。又創造力的獨特性、流暢性、變通性、敏覺力等皆需在一個毫無心理壓力、充滿支持鼓勵的環境中才能展現。當一個教室中幼兒將平日的兒歌、手指謠、故事等加以改編，並取代原版，一定是那個教室中有民主開放的支持性氣氛，或教師有意無意地鼓勵。一個刻板嚴謹的教師是不會欣賞幼兒上述的變通性、獨創性實例，勢必導致幼兒畏首畏尾，毫無信心。唯有在一個充滿支持性氣氛的教室中，幼兒才能安心創作，百花齊放。舉例而言，如果一位幼兒有別於其他幼兒，採用不同的貼畫材料，顯示其獨特性，教師若加以誇讚鼓勵，自然提升該幼兒的自信表達力，而且也會引起其他幼兒的仿效，紛紛顯示其獨特作品。一個具支持性氣氛的教室，教師一定是充滿溫馨、熱情，經常鼓勵與接納幼兒的任何表現。

二、建立自由選擇的環境

　　營造支持性的氣氛是針對心理環境，在實質環境的部分則要建立各個學習角落，而在角落中則充滿豐富、多樣的教具，更重要的是可

供幼兒自由選擇取用，以發揮其創造力。例如；美勞角中有各式各樣平面美術與立體美術的工具與素材，供幼兒開架取用；娃娃家中有涉及生活各面向的扮演道具（如：炊具、衣飾等），供幼兒自由裝扮；音樂角有各種類的管、絃、打擊樂器與音樂錄音帶等，供幼兒自由取用。創造力的表達具有獨特性，在此種角落環境中，幼兒可自由取用自己喜愛的媒材以表達自我，當然可促進幼兒的創造力。更重要的是創造力是需要時間的，在這樣的角落環境中，幼兒有充分時間自我探索與發現，實有別於傳統全班一致性的教學方式。

三、提供開放性的教材

在幼兒的實質環境中，不僅要充滿豐富、多樣的教材，而且教材的本身也要盡量富有開放性與低結構性，讓幼兒可以依實際需要創意運用。例如一塊碎布料會比一件成衣好得多，前者可以讓幼兒自行依戲劇扮演需要而剪裁裝飾，後者讓幼兒無從選擇與變化。再如黏土、水、紙張、積木、紙盒、紙箱等均屬低結構性教材，可讓幼兒創意變化，無所限制。舉例而言，紙箱覆以布料就成戲劇扮演中的餐桌；二、三個紙箱黏組在一起就成商店中的收銀機，或成為敲打的鼓；黏土捏塑可成為藥丸、魚、披薩等扮演的小道具；紙張裁剪可作成窗飾、隔間的掛簾、公主裙子、國王的皇冠等。

四、詢問思考性的問題

思考性的問話通常是開放性或擴散性問題，讓幼兒的思緒不受限制，可以往四面八方流動。例如；六「w」問題──為什麼（why）、是什麼（what）、如何（how）、什麼時間（when）、什麼地點（where）、是誰（who）；另外還有「假如」開頭的問題、「比較」兩樣事物的問題、「除了……還有」的問題、「列舉說明」的問題等，均可以促

發幼兒的思緒，包括想像力與創造力等。以戲劇扮演為例，幼兒在討論公主的大紗裙要怎麼做時，教師可以問幼兒：「現在我們的布已經用完了，要怎麼辦？除了布以外，還有什麼東西可以替代？」、「如果你是國王，你會怎麼做？你會怎麼演？」。又以製作克難樂器——沙鈴為例，教師可以詢問幼兒：「什麼東西可以發出清脆的聲音？除了小石頭外，還有什麼東西？」。再以創造性律動為例，在開始時，教師可以讓幼兒先發揮想像力，「假如你是一個風箏，想像一下你在空中迎風飛翔的感覺，然後再想像與另一個風箏的線互相纏繞，突然急速地掉了下來……」。

五、扮演低主導性的角色

在幼兒自我表達時，盡量少干預，給予幼兒完全的自主空間，除非幼兒躊躇不前，教師才給予適切的引導，並盡量以問題來引導其思考。此外，教師也應盡量不要提供成品讓幼兒模仿照做，也許在開始時，教師可以提供一些創作樣本，讓幼兒談論比較其間差異，然後將示範樣本收起，讓幼兒自行創作。教師也應盡量少讓幼兒做一些半成品的美勞，例如只要切割一下，把某一邊翻開來，或塗色即成的半成品。幼兒的律動也是一樣，應盡量避免老師示範全班一致的動作，幼兒照樣模仿，多讓幼兒有發揮想像力、創造力的機會，自行做出動作總之，教師的角色是個方語刺激者與教材提供者，是偏向低主導性的角色。

第伍篇

幼兒體能領域課程

　　體能是個體智能、心理發展的基礎。沒有體能，智能與心理無由發展。本篇「體能領域課程」旨在探討幼兒體能領域方面的發展概況與如何透過課程促進幼兒體能領域的發展，其內容包括身體動作的發展，以及與身體健康有關的營養與飲食、衛生保健、安全等議題。本篇共計三章，第十二章著重在幼兒體能領域之發展概況，第十三章則探討該領域之教學內容，第十四章則探討該領域當代教學趨勢與教學策略。

12 體能領域發展概況

　　幼兒的體能狀態包括其「身體健康」狀態與身體「動作發展」狀態。嬰兒自呱呱墜地後的第一年，生理與身體急速成熟變化，五個月的嬰兒其體重約為出生時之兩倍，一歲時約為出生時之三倍，其他的生理變化尚有頭髮與牙齒的生長。學步期的幼兒持續成長，但速率則比一歲前稍為緩慢，兩歲時的體重約為出生時之四倍，所有的乳牙均已漸漸發出。至學前階段的幼兒，其外觀已稍具成人外形，其成長仍持續地進行。三歲時之體重約為出生時之五倍，此時體重每年約增四至五磅，身高約二至二點五吋，至六歲時，兒童之身高已約四十吋，外觀則明顯脫離學步期前的肥胖狀態。根據 Marotz、Cross 與 Rush（1993）等人的報導，一個「健康」的學齡前兒童其身體特徵如下：⑴機警且熱心；⑵喜活躍、激烈性活動；⑶當其他幼兒來訪時會顯得較為安靜；⑷身體肌肉結實；⑸身高、體重穩定而持續地增加；⑹不易顯出疲累；⑺呼吸順暢；⑻腳部、背部挺直；⑼牙齒整齊、清潔，沒有蛀牙；⑽嘴唇及牙齦成粉紅色且堅固有彈性；⑾膚色健康，眼睛清澈明亮；⑿姿勢堅挺；⒀粗大肌肉發展且控制良好；⒁精細肌肉動作開始發展；⒂手眼協調能力良好。

　　幼兒體能動作的發展有其階段、方向與順序性。基本上成長始於「上而下」的模式進行，亦即頭部為先，下肢在後，新生嬰兒移動其眼、頭、手遠在其能爬、走之前，即為明證。成長亦始於「中而外」的方向進行，亦即軀幹四周為先，四肢末稍在後，學步期幼兒用整隻

腳的行動甚至整個身體的力量走路，而五歲幼兒走路則能統整膝蓋、腳踝走得很穩了，足以說明發展的方向。另一個重要的發展特徵爲「大肌肉先於小肌肉」而發展，三歲幼兒善於走、跳，卻無法熟練地使用剪刀、運筆寫字即爲此理。

幼兒的體能動作技巧包括粗大動作（攀、爬、跑、跳、翻滾、丟擲、平衡技巧等）、精細動作（抓、握能力，手指的操作能力，與餵食、穿衣、洗刷之自理能力等）和知覺動作（例如：手眼協調的能力）技巧。基本上，這些動作技巧涉及三種形式的運動：移動性動作、非移動性動作與操作性動作。「移動性動作」涉及整個身體從空間中的某一點移至另一點的方位改變，如：走、跑、跳、爬、滑等均改變了個體在空間中的方位。「非移動性動作」與移動性動作相對，它並不會改變個體在空間中的方位，又稱之爲平衡性動作，意指需要某種程度平衡性的任何動作，如：扭轉、推、拉、彎腰等。「操作性動作」則包括大肌肉操作動作（如：丟、接、彈、踢、打等）予小肌肉操作動作（如：握、抓、切、縫等）。大肌肉操作技巧是涉及給予物體力量或從物體接收力量的大型動作；小肌肉操作技巧則強調動作的控制與正確性地操作物體（Gordon & Browne, 1993; Gallahue, 1995）。

大體而言，三歲幼兒的體能動作發展已能自己上下樓梯、兩腳一起跳，但跑步仍有些不穩，而畫圖時是以五指抓住蠟筆。四歲幼兒開始出現較有技巧的跳動，跑步時腿臂協調良好，也會走平衡木。五歲幼兒能連續向前跳躍數次不跌倒，已會單腳跳和翻筋斗，用剪刀時能連續剪一直線，而能握筆自在寫字則要等到六、七歲。自此可以看出動作的發展是有順序性的。Feeney等人（Feeney, Christensen, & Moravicik, 1984，引自黃慧真譯，民80）將幼兒在動作上的表現分成三個階段：第一階段（〇至二歲）所從事之動作表現，其本質屬於感官性和探索性；第二階段（二至四歲）所從事之動作表現爲操作式的，並以發掘和技巧發展爲取向；第三階段（四至六歲）所從事之動動作表現變得更複雜、更具象。其各階段動作表現具體特徵如下頁表12-1。

表 12-1　動作創造性表現的發展

年齡	創造性活動者的特徵
出生至兩周歲 嬰兒與牙牙學語兒	兩歲時發展出基本的動作技能：走路、跑步和跳躍 對新技巧深感興趣
二歲至四歲 幼齡學前幼兒	以一致的步伐走路 能倒退走，走向兩側，以腳尖走路 跑得很好，但無法很快地停住或轉彎 急行 能兩腳齊跳 四歲左右會單腳跳 喜歡動作重複的活動 喜歡被指導的動作
四歲至六歲 較大學前幼兒 及幼稚園生	在走路、跑步及跳躍上已發展出很好的技巧 能控制速度、停止和轉彎 六歲左右，能跳躍得很好 很能依照指示動作 維持個人空間 會移向前、後、兩側、上、下、快、慢、輕、重並了解其意義 經過練習，可做出身軀孤立的動作

　　對幼兒動作發展素有研究的學者 Gallahue（1995）將學步期前的幼兒動作發展分成兩個階段：反射性動作期與預備性動作期。二至七歲則為「基礎動作期」，是幼兒精熟基本移動性動作、操作性動作與穩定性動作技巧的最理想時期；七歲以上則是專業性動作期。基礎動作期又分為三個小階段：

㈠起動期（Initial stage）

　　二至三歲幼兒屬於起動期，在這段期間的幼兒開始做出可觀察得到與有目的的動作努力，他的動作特徵是粗魯、不協調的。幼兒嘗試

投（球）、接（球）、踢（球）、跳等動作，但缺乏動作的成熟性，基本上動作不是很誇大就是看不出韻律協調性。

(二)基本期（Elementary stage）

四至五歲幼兒屬基本期。此期介於起動期與成熟期間的過渡階段；幼兒的動作協調性與節奏性有進步，並且愈來愈能控制他自己的動作，但還是有些笨拙不順。這段期間的幼兒需要大量的鼓勵與練習機會，才會趨於成熟階段。許多的動作發展專家均同意，所有的基本動作形式，如：走、跑、跳、丟、接、踢等在五歲時萌發，五歲以後並不會發展新的動作形式（Curtis, 1987）。

(三)成熟期（Mature stage）

所謂成熟期的動作特徵是能統整動作的所有各部分，使成為一個有協調性、有機能性，且是正確、有效率、對完成該項工作的合宜性動作。六、七歲幼兒在基礎動作技巧上，大致上都有「潛能」趨於成熟階段，除了一些涉及追蹤物體的操作技巧外，例如：打一個高飛球、打排球等。但是，在這個階段要獲得純熟的動作技巧，環境是一個很重要的因素，許多的幼兒在此階段由於環境不良，都發展落後了。如果動作技巧的發展在此時期落後了，除非付出相當額外的努力，否則恐怕有些技能將永遠無法達到其成熟階段。成熟的基礎動作技巧是形成專業性運動技巧的基礎，因此，幼兒教師的責任十分重大。

許多學者提出兒童體能動作發展的模式，如：Teeple（1978）、Keogh 與 Sugden（1985）等人，這些模式共同指出了動作發展的特徵──即主體與環境間的動態、互動特質。有許多因素確實影響動作發展，包括：個體身體尺寸、腦部動作控制、心理動作的資訊處理、遺傳與環境等均影響兒童的動作發展（Curtis, 1987）。

綜上所述，可見幼兒身體健康與動作能力的發展是先天遺傳與後天環境共同運作的結果。基因遺傳無法改變，如：先天性過敏體質、

先天性心臟病等，但環境因素卻可以將人的體能潛能發揮至最大。遺傳為個人健康狀態提供了基礎，然學前幼兒期是發展的關鍵期，若有充分的營養與正常的飲食習慣，注意衛生清潔與疾病防治，充分的運動與睡眠，以及生長在一個安全、意外傷害無虞的環境中，幼兒一定可以按照發展的順序持續健康地成長。以上要素若缺乏一環，則會影響幼兒的生長速率與體能狀態。

13 體能領域教學內容

　　幼兒體能發展可分為「健康」領域與「動作發展」領域。健康是幼兒最大的本錢，是任何領域發展與各種粗細動作發展的基礎，沒有健康的身體，各種動作技巧無由發展。故本章第一節專論幼兒健康領域教學內容，第二節則論及幼兒動作領域發展的教學內容。下圖 13-1 顯示幼兒體能領域之教學內容。健康領域包括生理健康與心理健康，心理健康乃指自尊、自重，能管理情緒、具社會性技巧、能經營良好人際關係，以及能作社會性調適等。情緒、心理會影響生理健康，例如：一個討厭上學的幼兒可能會產生胃痛現象；反之，生理不健康也會引起情緒不佳等心理狀態。故兩者均很重要，不可偏廢。有關心理健康的部分已在第四篇——心靈領域課程中論及，故本篇專論生理健康部分。

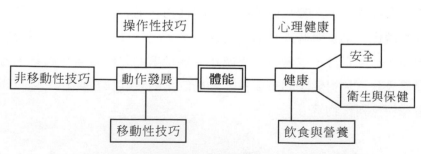

圖 13-1　幼兒體能領域概念／技能網絡圖

第一節 健康領域

健康領域包括三大議題——飲食與營養、衛生與保健、安全。茲依次敘述其教學內容如下：

一、飲食與營養

營養是健康的基礎來源，而飲食是獲取營養的主要途徑，故飲食與營養應涵蓋於幼兒健康教育中。幼兒營養教育的基本目標之一是認識不同種類的食物以及促進對食物的探索與探究（Hendricks & Smith, 1995）。Herr 與 Morse（1982）更進一步指出營養教育的目標應是兒童能均衡攝取各種食物，並且學習如何自主且明智地選擇食物。他們所提出的適合幼兒學習的營養概念包括：⑴食物種類繁多；⑵食物來源為動、植物；⑶食物在外觀、味道、質地上等均各不相同；⑷食物可以用各種不同方式烹調；⑸好的食物對健康、成長與體力很重要；⑹營養是指我們的身體如何運用所吃的食物以維護健康、成長與體力；⑺食物可以分為幾大類；⑻好的飲食包括每一大類食物中的各種不同食物；⑼影響食慾的因素很多，如：食物的吸引性、烹調方式、清潔、環境氣氛等；⑽我們選擇所吃的食物乃基於許多原因：可及性與成本價錢、家庭與個人習慣、美學考量、社會文化習慣、大眾傳播影響等。綜合而言，飲食與營養議題主要是讓幼兒認識各類食物、各種營養成分及其對健康的重要性，均衡飲食的意義與重要性，以及正確選擇與烹調食物等。

二、衛生與保健

　　環境與個人的清潔衛生以及身體保健是促進幼兒身體健康的重要因素。清潔衛生是防制細菌滋生、傳播疾病的最佳方式，諸如：整體環境的隨時清潔維護、個人衛生習慣的養成——飯前洗手、飯後漱口、便後洗手、咳嗽掩口、經常洗澡等。身體保健則包括保暖、充分的睡眠、適度的運動、預防接種、少接觸傳染病源或涉足公眾場所等。在幼兒園中，除提供清潔衛生的學習環境外，還要在課程中讓幼兒認識清潔衛生與個人保健對身體健康的重要性，認識病菌、疾病與其媒介傳染途徑，並助其養成衛生與保健習慣。以上衛生保健知識與習慣的養成，應先建立於幼兒對自我身體的認識，包括身體各部位的功能與重要性等。

三、安　全

　　意外傷害是個人健康的一大損傷，甚至帶來終生殘疾的苦痛。成人為幼兒準備安全的環境外，還要進行安全教育。安全教育的主要目的是幫助幼兒發展安全與傷害預防的技巧，諸如：騎乘機車戴安全帽、坐車繫安全帶、認識交通號誌、勿將手伸入正在運轉的電器用品中、濕的手勿接觸電器開關、勿飲用不明瓶裝液體、勿不當使用遊樂器材等。另一方面，由於綁架、失蹤案件日增，近年來，幼兒的人身安全議題愈來愈受重視，已有愈來愈多的幼兒園將「人身安全」放入日常課程中。

第二節　動作發展領域

　　幼兒的肢體動作發展課程應著重於移動性動作技巧、非移動性動作技巧與操作性動作技巧等三方面的培育（Gallahue, 1995），因其為體能活動以及創造性律動等之基礎。創造性律動已於第肆篇創造力領域中提及，而基本體能動作的發展策略，請見下節所述。當然吾人亦可將促進動作發展的體能活動，按其性質分成球類活動、田徑活動、體操活動、體能遊戲、創造性律動、戶外遊戲等項。然以上各項活動之目的均在發展移動性、非移動性與操作性三項動作技巧，故在此專門說明：

一、移動性動作

㈠基本的移動性技巧

　　例如：走路、跑步、跳躍（jumping）、跨跳（leaping）、單腳跳（hopping）等技巧。

㈡混合的移動性技巧

　　例如：疾跑（galloping，或墊步跑）、滑行（sliding）、蹦跳（skipping，或跑步跳）、攀爬（climbing）等技巧。

二、非移動性動作

㈠軸性非移動性動作

例如：彎曲、伸展、扭轉、轉向、旋轉等技巧。

㈡靜態與動態姿勢

例如：垂直、平衡、倒轉平衡、突然停住、起動、滾動、閃避等技巧。

三、操作性動作

㈠推進性操作動作

例如：丟擲、地面踢（kicking）、空中踢（punting）、打擊、截擊（volleying）、滾動、彈跳等技巧。

㈡吸入性操作動作

例如：接住（catching）、捕捉（trapping）等技巧。

14 體能領域教學趨勢與策略

　　本章旨在介紹幼兒體能領域的最新教學趨勢與策略，共分二節，第一節爲幼兒健康領域的教學趨勢與策略，第二節爲動作發展領域的教學趨勢與策略。

第一節　健康領域

　　根據美國國家健康教育標準，健康領域的整體目標是「健康知能」（health literacy），其定義爲個體有能力獲取、解釋與了解基本健康訊息與服務，並且有能力去運用這些資訊與服務於提升其自我健康狀態之上（引自 Hendrick & Smith, 1995）。此一定義包含了二大部分，一是獲得健康相關知識，二是運用健康知識於日常生活中，以促進健康狀況；由此定義可知生活中實踐的生活化教學是健康教育的不二法門。又根據本篇第十二章所述，兒童體能動作的發展是先天遺傳與後天環境的交互作用，遺傳是無法改變的，但環境要素可以將人的體能潛能發揮至最大，因此提供健康的人爲環境是幼兒體能發展的利器。Hendricks 與 Smith 所言甚是：一個有效的健康教育，應提供幼兒健康的環境、每日作息、成人示範與直接教導（Hendricks & Smith, 1995）。茲以健康領域三大教學內容——飲食與營養、衛生與保健、安全爲例，分別說明相關教學策略。

一、提供健康的環境

所謂健康的環境意指環境的清潔、衛生、安全。它不但使幼兒免於疾病之虞與安全之憂，也讓幼兒自小耳濡目染於整齊清潔環境中，養成維護環境清潔、衛生、安全的習慣。環境之清潔、衛生、安全需賴園方與教師的定期整理、打掃與維護，諸如：衛浴、廚房、教室角落等的清潔，清潔劑、殺蟲劑的收藏，垃圾常倒與加蓋，電源插頭的覆蓋，以及遊樂器材的定期維護等。吾人以為 Kendrick、Kaufmann 與 Messenger（1995）所言甚為有理：健康教育若在一個健康的環境與健康成人行為的架構下運作，其成效最佳。

二、建立促進健康的作息習慣

在幼兒課程中要將衛生保健與自我照顧納入每日作息中，使之成為習慣。例如：飯前洗手、飯後漱口或刷牙、定時如廁並洗手、定時餐點與午休、規律運動等。此外，每日所提供餐點要營養均衡並確保幼兒均衡攝取、不偏食，蓋此乃幼兒營養教育的基石。此外上下娃娃車或乘父母自用車離園前，提醒幼兒繫好安全帶，以養成習慣也是很重要的。甚至要求幼兒與老師一同清理教室，保持教室的整潔也是必要的。

三、示範健康習慣以提供身教

除將幼兒健康習慣寓於每日作息活動外，教師還要以身作則，示範正確的健康習慣，讓幼兒仿效。例如：飯後與幼兒一起刷牙、如廁後洗手、均衡攝取飲食、經常定期打掃教室與清潔各個角落教具、咳嗽掩口或生病戴口罩等。對於年幼的幼兒，洗手、刷牙的步驟都要一

步步地示範，正確地教給幼兒。

四、具體傳授健康資訊

　　幼兒健康教學重要目標之一是讓幼兒獲取健康相關資訊，有了健康資訊當能促進生活中實踐的意願。例如：各大類食品與各種營養素對人體的功用，疾病（病菌）及其傳染途徑與預防措施，人體各部位及其功能等資訊，均有助於幼兒在生活中奉行並建立每日健康作息習慣。此外，有關水、火、電、毒害、交通安全等知識亦可傳授幼兒。傳授健康資訊有多種方式，幼兒的學習是具體化、經驗化取向的，吾人可以運用說故事、戲劇扮演、角落扮演、觀看影片，閱讀圖畫書、參觀超市（飲食營養）或醫院（衛生保健、安全）、訪問大病初癒的幼兒、烹飪活動等方式，以促進幼兒對健康知識的理解。在此頗值一提的是，烹飪活動對促進幼兒健康、營養、衛生、安全等概念的理解很有幫助，因爲在烹飪教學活動過程中，就是一個力行健康生活的活動。例如：烹飪前洗手清潔、烹煮前食物的清洗、烹煮後才能食用（衛生）、不同食物組合成佳餚、烹煮時間控制以免維生素流失（營養、健康），以及烹煮過程中要小心用刀用火、與避免熱氣燙傷等。

第二節　動作發展領域

　　根據前述，處於動作發展基本期的學前幼兒需要大量鼓勵與練習，才能臻抵成熟階段，如果環境不良，缺乏練習，可能導致動作發展落後（Gallahue, 1995）。許多體能動作發展理論也共同指出動作發展的主體與環境間的互動特質，因此，提供適宜的動作發展環境是刻不容緩之務。幼兒的體能動作是漸進發展的，如何提升幼兒的能力以實現潛能，並因應個別差異性，是教學的重要考量。有關幼兒動作

發展——移動性動作、非移動性動作與操作性動作之教學趨勢與策略
如下。

一、提供發展大肌肉動作技巧的相關設施

　　粗大動作技巧的發展頗適合於戶外遊戲場中進行。根據研究，每
一種遊戲場皆有其優勢功能，沒有一種遊戲場能提供幼兒所有的遊戲
活動與完整的發展需要，例如：冒險遊戲場提供較多的認知性遊戲，
傳統遊戲場提供較多的肢體性遊戲，因此，各類型的遊戲場或設施皆
有其存在價值，皆須設置（Moore, 1983）。遊戲專家 Frost（1987）
指出：一個發展合宜的遊戲環境，應包括能強化各類型遊戲的器材、
設備、空間與活動，並且包含複雜的超級結構體與簡單的可移動材
料，讓幼兒可以組合運用。因此，吾人以為戶外遊戲場的設備應具多
樣化，以發展攀、爬、吊、盪、平衡等各種大肌肉技巧，而且也要提
供不同年齡層次的挑戰性（例如：較陡高與較平矮的滑梯），以因應
個別差異。除了固定設施外，亦可備有可移動的開放性設備，諸如：
大型木箱、紙箱、各種長度的木板、各式輪胎等，以供搭建及幼兒創
意使用，並發展爬行、攀爬、推、滾、平衡等大動作技能。又戶外場
地可劃分為各種不同性質的活動區域，例如：可供蹦跳、翻滾的草皮
區，可供有輪玩具或跳房子用之硬表層區，以及玩沙、玩水區。「障
礙路道」的設計——運用積木、矮梯、木箱、吊環、輪胎做成隧道、
山坡、險橋，也足以讓幼兒在遊戲中發展大肌肉及知覺動作技巧。其
實，幼兒在戶外遊戲場地盡情跑、跳、追逐、玩各種自發性遊戲，例
如：一二三木頭人、老鷹抓小雞等，就是很好的體能動作發展方式。

二、提供發展小肌肉動作技巧的相關措施

　　除粗大動作外，戶外遊戲場地也可發展幼兒的精細動作與知覺動

作技巧。例如：推拉載滿貨物的玩具手推車涉及大動作的運作，以工具假裝修理手推車零件則屬精細動作，推著手推車沿著障礙路道蜿蜒行走則需要知覺動作技巧。再如挖泥土屬粗大動作，做泥餅屬精細動作，而挖一隧道並判斷是否能容納玩具卡車通過則涉及知覺動作能力。由以上的例子可知，幼兒的自發性遊戲足以發展小肌肉動作技巧。

發展小肌肉動作技巧的室內活動俯拾皆是，最常見的是一些操作性教具和活動，例如：拼圖、小型建構積木、釘板、木插板、串珠遊戲，實物分類遊戲，螺絲釘與帽之配對遊戲，以及各型紙板遊戲等均屬之。其次是一些發展生活自理的教具和活動，例如：衣飾框、倒水活動。美勞角的各項素材，例如：刀、釘書機等，更是發展精細動作所不可或缺的。雖然精細動作的發展比較適於室內，但室內活動和戶外場地一樣，也可發展三種動作技巧。例如：積木區之堆建積木屬精細動作發展，而蓋一馬房供馬休息或隧道供玩具車通過則涉及知覺動作技巧，至於從架上取下大型積木或將其舉高堆建均屬粗大動作技巧。再如美勞區有筆、刀等可促進小肌肉發展，若加入大刷子、滾筒就包括了大肌肉發展。

三、提供運動或戶外遊戲的規律作息時間

有了室內、戶外各種發展幼兒體能的設備或教具，若幼兒教師並不去使用它，將戶外、室內遊戲，尤其是戶外遊戲，當成只是眾多學習活動間的休息時間而已，那麼對幼兒體能的發展還是無所助益。誠如Gallahue（1995）所言，學前幼兒需要有充足時間發展大小肌肉動作，錯過這段時間，可能有些技巧永遠無法達成成熟狀態。因此，幼兒每天應有充足時間（約至少有一個小時以上）在戶外遊戲或進行教師帶領的體能活動（如晨操），並且應建立規律性，使其養成生活習慣。

四、實施挑戰性的體能活動

　　幼兒的體能動作發展除了透過幼兒自發性的遊戲與角落自由探索外，教師亦可設計團體或分組進行的遊戲或體能活動，例如：球類遊戲、跳繩、走平衡木、跳箱等運動。此外，模擬動物爬、走或各種自然現象（打雷、颱風、海浪等），有故事情節之自由創作律動等（見第肆篇），以及「障礙路道」活動等，皆對幼兒的體能動作發展有所裨益。

　　Gallahue（1995）所言甚是：自由遊戲是不夠的，一個有組織、高品質的教學應針對幼兒的動作發展層次而設計；教師應提供幼兒動作探索、實驗與自我發現的充足機會，藉著解決問題與動作挑戰方式來達成意識動作技巧與發展體能的教學目標。例如：「誰可以……？有多少種方式你可以……？看看你可以做到……？」此一論調亦為Curtis（1987）所贊同，他認為一個幼教老師應有責任感受幼兒的動作表現，並架構環境以「挑戰」幼兒的能力。

第陸篇　幼兒統整性課程設計

　　本篇旨在統整本書各篇與各章節。基本上，第壹、貳篇為基礎篇，乃本書之骨架基石。在第壹篇吾人介紹何謂統整性課程及如何實施統整性課程；第貳篇幼兒園的教學理念與實務，介紹幼兒園具體而微的教學實務，並揭示以全人發展為旨的幼兒統整性課程乃強調創造性教學取向，並為當代幼兒教育之趨勢走向。自第參篇至第伍篇則依次介紹幼兒智能、心理、生理三大發展領域及其教材教法，是本書之血脈內容，也是幼兒統整性課程設計之取材來源與教學考量依據。第陸篇則主要在統整骨架基石與血肉內容，亦即運用骨架基石篇中所介紹之幼兒統整性課程設計方法，考量內容篇中所揭示之幼兒身、心、腦發展狀況與教材，以課程設計實例賦形體以生命，讓幼兒統整性課程鮮活呈現。本篇共計二章，第十五章重申全人發展之重要性，及其與課程統整之相關性，第十六章則實際提供幼兒統整性課程設計例子，以資參考。

15 全人發展與幼兒統整性課程

　　幼兒統整性課程主要考量點即為培養完整幼兒。生理、心理、智能乃構成一個完整個體所不可或缺的三大部分，此三大部分成三角鼎立狀，每一頂角均很重要，而且彼此交錯影響，不但相輔相成，而且牽一涉全。其間關係呈生生不息的互動對流迴路，極其複雜，有如圖15-1所示。

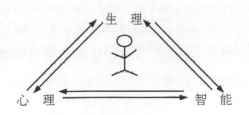

圖 15-1　全人發展示意圖

　　詳言之，生理影響心理，心理影響智能，智能影響生理，生理又影響心理……。反之，心理也會影響生理，生理影響智能，智能影響心理，心理再影響生理……，如此交互影響，週而復始、生生不息（因發展是持續變化的）。就另一方面而言，心理與智能交互作用的結果，共同影響了生理發展，同時生理發展也影響了心理與智能的發展。生理與心理交互作用的結果，共同影響了智能的發展，同時智能

發展也影響了生理與心理的發展。又生理與智能交互作用的結果，共同影響了心理發展，同時心理發展也影響了生理與智能的發展，其間關係交錯複雜，茲分別說明如下：

一、生理與心理交互影響

生理健康，富有朝氣活力，心理自然舒爽、健康。生理若是長期健康不佳，如：營養失調或過剩、易患疾病或體能動作發展遲緩、或後天疏失所引起的殘疾，均會影響幼兒的心理狀況。不僅因為生理病痛、不適所引起心理自然的連鎖反應（如：鬱悶、煩燥、失意等），也會因形體外貌異於常人，或不便參與許多學習活動，招來異樣眼光，而引起心理的自卑或情緒失調問題。反之，心理狀態亦會影響生理狀態，長期處於情緒不佳、失調狀態或缺乏自信均會產生生理癥候。例如：一個因在幼兒園被其他幼兒欺負，不喜歡或害怕上學的幼兒，可能會伴有胃痛或頭痛現象；一位害羞、缺乏自信的幼兒可能常會盜汗，或顯得動作遲緩、不敢勇於表達自己。簡言之，生理與心理狀態常是交互影響的，且其交互作用後還會共同影響智能發展；相對地，智能發展也會同時影響生理與心理的發展。

二、心理與智能交互影響

心理健康、富正向積極態度，智能與學習表現自然出色。心理若是長期不佳、不健全或失調，做任何事皆索然無味或持負面反應。一個膽小自卑或缺乏自信的幼兒，在智能領域的發展上勢必無法安然自若於智能方面的學習，甚而表現自我、發展潛能。例如一位膽小無自信幼兒可能無法獨立自主地探索角落，或加入其他幼兒的角落遊戲中；或者不敢開口表達，出現口吃結巴現象。反之，智能發展狀況亦會影響心理狀態，把思考運用在個人與社會行為上便是「社會認知」，

幼兒的情緒／社會性發展是深受認知發展影響的。就另一方面而言，智能表現優異者，常受人肯定，其心理自尊、自我認同與自信心當會提升。簡言之，心理與智能狀態是交互影響的，且其交互作用後，還會共同影響生理發展；相對地，生理發展也會同時影響心理與智能的發展。

三、智能與生理交互影響

智能發展遲緩或落後必會影響資訊、知識的理解與建構，故在健康、安全、營養、保健等資訊的獲取上必定不足或不正確。反之，生理亦會影響智能的發展，生理健康，富有朝氣活力，學習與智能活動自然積極帶勁，長期患病無精打采，甚或無法上學，當然影響學業或智能表現。就另一方面言，體能動作的發展與精進，涉及空間概念、時間概念等，及各種概念的連結運用；智能不佳對於某些較具難度的動作，可能不得其門而入，或需花上多於常人的時間。簡言之，智能與生理狀態常是交互影響的，且其交互作用後，還會共同影響心理發展；相對地，心理發展也會同時影響生理與智能發展。

既然個體之生理、心理與智能是呈生生不息的循環交錯關係，而且是牽一涉全的動態關係，因此從「個體發展」角度言，幼兒的課程應「均衡兼顧」身、心、腦三大部分的發展目標，不可偏廢或偏重任一領域；而且也應「統整」此三大部分發展，讓幼兒理解其交錯動態，相輔相成關係，避免支離破碎、彼此分立地呈現（培養）。此乃呼應本書第貳篇第三章「幼兒教育之趨勢與理念」重要內涵：教學目標以培育完整幼兒為旨，教學內容則應涵蓋統整各大領域。

本書第參篇至第伍篇為生理、心理與智能各領域之教材教法，從「教材組織」角度而言，吾人以為，教材或學習經驗必加以串聯、排序或整合才能相互輝映與增強，以達教學最大效果（周淑惠，民83）。

教材內容之組織依據課程學者 Tyler（1975）所倡，大致上可分為垂直組織和水平組織。有關教材間的垂直組織，顧名思義是指前後教材之間縱的排列關係，它包含了繼續性與順序性。繼續性是將課程中的要素重複、繼續地出現，以便幼兒能重複練習及繼續發展；順序性乃使前一個單元的經驗成為後一單元的學習基礎，而又能往更高更廣的層面發展。而教材間的水平組織，則意指不同領域教材之間的橫向連貫統整關係，它不僅涉及諸多課程或發展領域，而且也把各領域整合起來（如整合於一個主題架構之中）。換言之，它不把某一學科或領域視為孤立的目標加以發展，而是將其視為幼兒全體能力中的重要環扣而予以增進，讓幼兒得到的是一個完整而非支離破碎的學習經驗。這就是本書基礎篇所強調之「課程統整」，也是達成「全人發展」教育目標的不二法門。

　　在課程設計實務上，學科／領域間的橫向聯繫關係俯拾皆是，諸如：自然科學領域可結合數學中的測量概念與技巧、創造性美勞活動、創造性律動、語文閱讀等。舉例而言：種植與觀察綠豆芽可與下列活動連貫：測量每日生長變化、製作種植與創意雕飾結合的「馬鈴薯人」（馬鈴薯雕成之臉型，發芽的種子為人形之頭髮。）、以身體律動創意表現綠豆發芽生長情形、查閱植物生長相關語言圖書等。幼兒創造性律動涉及體能、創造力、空間概念、自然領域等，例如想像自己是一隻小兔子，在午後雷雨前後的動態表現。甚至連單純的體能活動都涉及空間概念（向各方向跑跳）、數學概念（拍幾下、跑幾下）、音樂、創造力、合作概念（合力推動重物、二人三腳等）、健康概念等。再如社會領域「開商店」主題，統合數學（點貨賣貨、付錢找錢、貨品分類擺架等）、自然科學（商品的種類、生產、輸送等）、創造性美勞（以黏土等素材製作貨品）、語文（店名、部門名稱、減價海報、折價券等之書寫）、社會（收銀員、送貨員、經理、顧客等角色扮演）等。又如健康領域「烹飪」主題，從購買、準備、烹煮至分食，整合數學（等分切塊、使用量杯）、自然（烹煮過程時

物理變化）、健康安全（食物營養、用電用火安全並小心熱燙）、創造力（麵糰造型、三明治造型、布丁果凍等創意變化）等學科領域。

綜上所述，實施統整性課程無論是從「個體發展」的角度，或從「教材組織」的角度，或從「幼兒教育趨勢」而言，均極具必要性，它可以創造對幼兒有意義的學習並達成培育完整幼兒目標。然而，實施統整性課程有其基礎要件，諸如：提供開放的學習環境、力行多元教學方法、課程設計以學科知識與兒童發展知識為念、實施合理的作息安排、採用信實等多元評量方式、呈現支持性的教師角色等，均於第壹篇中論及。又在第壹篇中，吾人亦揭示欲具體而微地實施課程統整的三個基本信念為：「非」所有學科均需統整（應依循學科間之自然連結處）、「非」拋棄所有學科知識（應在主題探討中尋求與運用知識）、「非」同等於多學科課程（應針對主題之各項概念加以探討）。此三非信念在實際設計統整性課程時，具其提面命作用。此外，吾人亦論及統整性課程之三個主要設計步驟：(1)尋找對幼兒有趣主題或待決問題；(2)繪製主題概念網絡圖；(3)設計主題概念網絡活動。下一章即遵循上述原則與步驟，舉出具體設計實例。

16 幼兒統整性課程設計實例

　　設計幼兒統整性課程始於主題的選取，有些主題本身很豐富，並蘊含各領域概念，能自然連貫不同領域，很容易實現課程的統整性，例如上章所述之「開商店」、「烹飪」主題。再如「我愛新竹」主題，它的主要概念包括：新竹的演變（過去的生活是什麼？有什麼特色？與現在有何不同？）、新竹的方位與環境（它位於台灣的哪一部分？附近有什麼縣市？新竹城本身有哪些山水？其四季景觀變化如何？城內有哪些區域？區域間如何來往交通？）、新竹的資源與維生（新竹人是以何為生？新竹有哪些資源？有哪些特產？）、新竹的當今事務（最近發生什麼新聞——例如：環保議題、大型活動等？為新竹城服務的公僕有哪些？這些公僕在為新竹做哪些事？）、新竹的未來發展（公僕們的規畫是什麼？幼兒自己心中的藍圖是什麼？）等。以上這些概念涵蓋歷史、地理、經濟、政治等社會學科領域與自然科學領域（見下頁圖16-1），而其下活動甚而包括創造力領域（為新竹規畫未來藍圖）、體能領域（實際去爬山涉水、了解新竹城）、語文領域（聆聽、閱讀或塗鴉繪寫新竹的傳說故事）等，自然地連貫、統整各大領域。

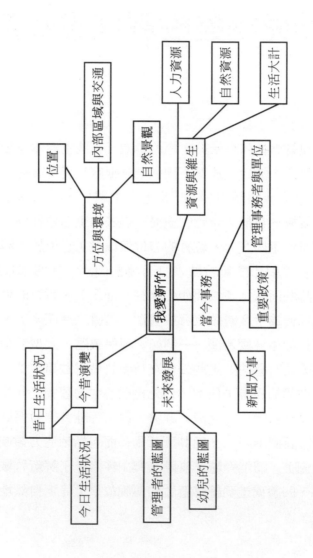

圖 16-1 「我愛新竹」主題概念網絡圖

　　有些主題概念是各科共享的概念，在各學科領域皆見此概念，亦可作爲統整課程的法寶。例如：Pattern是指重複出現的規律形式，在數學領域中，吾人常用其來培養幼兒的邏輯思考能力，例如：運用形式積木（Pattern block）排出有規則的形式花樣（詳見周淑惠，《**幼兒數學新論—教材教法**》）。事實上，大地萬物皆有規律形式，例如：春、夏、秋、冬年復一年的四季規律變化，潮起、潮落或日出、日落、月昇，日復一日的晝夜規律變化，夏日午後閃電、打雷、下雨的固定模式，以及蜘蛛網、結晶礦石、樹木年輪等自然產物的規律形式等。日常生活亦有其規律形式，紅、綠、黃定時輪轉的交通號誌規律變化，角落時間、點心時間、戶外時間每日作息的規律順序等。再如人爲美化設計的形式出現在食衣住行育樂各方面，如：拼花磁磚地板、布料衣服、藝術蛋糕裝飾、房間花式壁紙等，皆有其規則性的花色變化。此外，音樂上也充滿規律形式的節奏（如一首兒歌有八個八拍），手指搖（如五隻猴子床上跳……，四隻……，三隻……）、律動（如重複前點、後點、跑的動作四次）亦然。語文領域亦有其規律形式（如詩詞押韻、圖畫書上的重複語句等），當然美勞領域更富有規律形式（如：運用美的原則—漸層、對稱等於卡片的花邊設計）。Pattern實可以作爲連結各學科領域的一介統整性概念，讓幼兒探索各領域中的規律形式，助其連結已學與新學領域，真正理解「形式」的意涵。

　　有些技能很重要，是很基本的能力，也是各學科領域所欲培育的能力，這些技能可以作爲貫穿各領域的統整利器，例如：解決問題能力、創造思考能力、聽說讀寫能力等，讓幼兒能有機會練習強化這些能力，因爲在一個具有情境意義的整合性學習中，更容易獲得這些基本能力。例如：語文能力——聽說讀寫就是常用來做爲課程整合的工具；「全語文」（whole language）即是一個透過主題探討，在各領域中強調聽說讀寫技能的課程，幼兒可以用聽的、說的、讀的、寫（塗鴉或基圖）的方式來溝通、表徵並獲得正在學習的各領域概念

（詳見薛曉華譯，《全語文幼稚園》。又如幼兒創造性課程（creative curriculum）即是一個透過有意義主題的探討，在各領域強調創造思考力的過程，幼兒在各領域中不斷練習強化創造思考能力，更能獲得創造思考力。因此，本質上，幼兒創造性課程即是一個統整性課程，而本書所倡之幼兒統整性課程也是一個強調創造思考教學的課程。

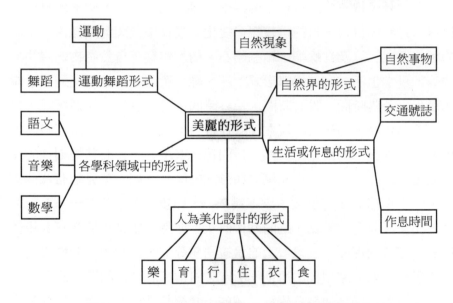

圖 16-2　「美麗的形式」主題概念網絡圖

　　筆者以為以上三種主題選取方式。第一種是「主題概念豐富自然蘊含各領域概念」，其主題有如各領域間的「部分聯集」，含涉各領域的某部分。第二種是「主題是各學科領域間共有的概念」，其主題有如各領域間的「交集」（箭頭所指處即為諸學科領域間的交集區），是各領域交會重疊處。第三種是「主題為貫穿各領域的基本能力」，其主題有如各領域間的「框架」，它貫穿各領域並將各領域定框整合。下頁圖 16-3 即顯示三者間之區別。

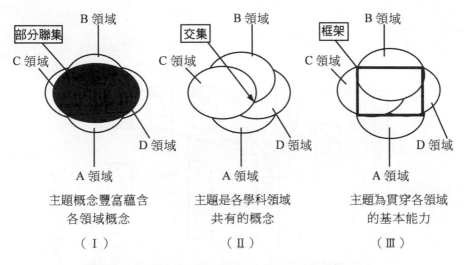

图 16-3　統整性課程設計三種主題選取方式

　　當然主題的選取若是幼兒所感興趣的，更能引起探究熱忱，教師可與幼兒共同討論、選取主題。例如：「我的身體」主題，它是富好奇心，探索力的中小班幼兒頗感興趣的，藉此主題可探索個體之生理、心理、智能三領域概念，主題本身非常豐富，頗值得探索。再如：「發明與傑作」，不但擄掠幼兒之心，而且本身也很豐富，因為發明與傑作各領域皆見，有童玩、衣食等基本需求用品、電器用品、電腦用品、交通工具、音樂上的創作、文學詩詞上的創作等。甚至幼兒自己也可發揮創造力構想其所欲發明之物品或傑作，或探究各項發明之今昔演變，即研究「技術歷史」也（見下頁圖16-4）。以上這二個主題均自然統整了諸多領域，而且也深受幼兒喜歡。有些主題涉及社會議題，如「地球生病了」（見圖16-5，頁179）是大家所關心的，它涵蓋自然科學、美學、社會（歷史、政治等）、創造力、健康等領域，是非常有意義的探索主題，因為它將幼兒帶入社會問題中，自小學習關心、了解與解決社會問題。

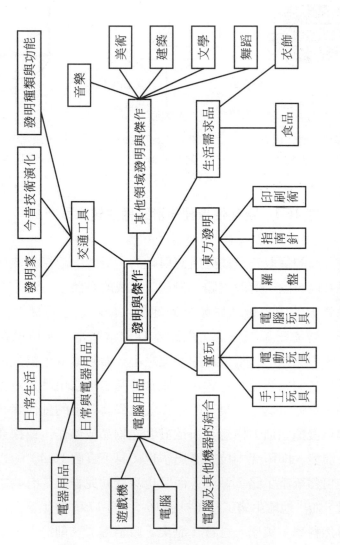

圖 16-4　「發明與傑作」主題概念網絡圖

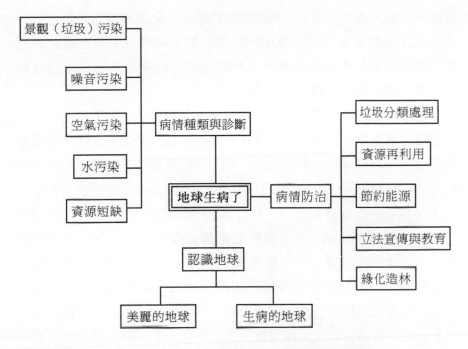

圖 16-5　「地球生病了」主題概念網絡圖

　　幼兒統整性課程設計的第二個步驟是繪製主題網絡圖，吾人主張將主題按其知識結構分成幾個大概念，甚而次概念，如前述諸圖：圖 16-1、16-2、16-3、16-4、16-5 所示，讓幼兒可以充分地探索與理解此一主題；然後第三步驟才是再在此些概念或次概念下設計涉及各領域的網絡活動。在發展主題概念網絡圖時，吾人建議教師與幼兒共同討論其對主題所欲學習與已知概念，如此不但教師可以得知幼兒的舊經驗與知能，以作為計畫課程活動的基礎，而且幼兒有充分的參與感，可激發其學習動機。在此要特別強調的是統整性課程設計的模式有許多種，吾人並不排斥其他設計方式，正如主題的選取有上述多種考量與方式，只不過吾人較為堅持的是在選取主題後，應儘量對主題周全且充分地「分析」，與幼兒共同討論並繪出構成主題的各大概念，讓探索的焦點環繞在主題自身，而非先想到各學科領域可為主題

貢獻些什麼，蓋此將落入分科教學的陷阱中。幼兒教師常被批評的是不重視知識結構、只設計膚淺好玩的活動。如果吾人能在設計課程時，歷經充分的主題分析過程，相信所設計的課程不再只是好玩膚淺、與主題無關的活動。

　　值得注意的是，每一個人的認知與分類標準不一，因而所繪出的主題概念網絡圖會有差異，只要各大概念間以及概念與主題間有邏輯關係存在，均可接受。舉例而言，在「好吃的食物」主題中，有人可能按照食物類別分成「魚肉蛋豆奶類」、「油脂類」、「蔬菜類」、「水果類」、「五穀類」、「垃圾食物類」等大概念。有人則分成「食物的種類與來源」、「食物的選購與保存」、「食物的烹調處理」、「食物的營養」、「飲食習慣」等大概念。再如「地球生病了」主題，有人可能會按環境污染類別分成「小河生病了」（水污染）、「天空生病了」（空氣污染）、「地面生病了」（景觀、垃圾污染）、「資源短缺」（水電資源匱乏等）……，有人則分成「病情種類」、「病情診斷」、「病情預防」、「病情治療」等，甚或其他不同的分類方式。同理，以上所繪之「美麗的形式」、「發明與傑作」、「我愛新竹城」主題概念網絡圖，也會因人而異，有不同的繪法。教師之間可以共同討論、彼此交換意見，並多多學習，當然最好是與幼兒討論，共同發展主題概念網，這是吾人所一再強調的。

　　在發展主題概念網，以及在概念網絡圖下設計各領域活動時，本書第參篇至第伍篇之各領域教材教法是取材與教學活動設計的來源，可資參考。最重要的是這些教學均是創造力取向的，有如本書第貳篇第四章所述，並且符合本書第貳篇第五章所述之幼兒教學原則：經驗化、生活化、具體化、遊戲化、創思化、多樣化。茲舉「小種子大世界」主題，例示主題概念網絡活動之設計（見下頁圖16-6）。由圖中吾人可以發現，橢圓形所代表的活動涉及各學科領域，雖然是一個偏向自然科學的主題，它仍具統整性，能將各學科領域連貫統合在一起，而所涉及之教學方法均是活動化、具體化、經驗化等取向的。

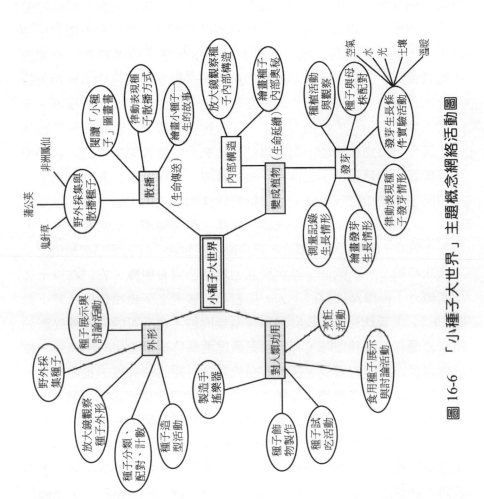

圖 16-6 「小種子大世界」主題概念網絡活動圖

　　當繪出主題概念網絡（活動）圖後，必須要本「彈性施行」原則。網絡圖範圍很廣，吾人可以進行內容全部涵蓋的廣度探討，也可以進行只選擇某一網絡支系的深度探討，完全視教學時間的多寡與幼兒興趣幅度而定。例如：在「發明」主題中，如果幼兒對各領域的發明均有興趣，且時間也夠，則進行廣度探討，若幼兒似乎對電器用品此一支系有濃厚興趣，則可僅針對電器用品進行深度探討。再如於「寵物世界」主題中，原本所繪的第一層次概念網絡包括「種類與特徵」、「繁殖與哺育」、「成長變化」、「居住環境」、「護理」、「對人類功用」、「移動方式」、「食物」等概念，若幼兒對於寵物的「護理」特別有興趣，則可以在護理概念下繼續深層探討，包括應如何做好「平日護理」工作與「疾病護理」工作。平日護理包括「疾病預防」（如：打預防針）、「營養與食物」（如：貓、狗、魚等食物）、「衛生清潔」（如：洗澡、除蟲、環境清潔、消毒等）、「美容」（剪毛、裝扮）等次概念，疾病護理則包含「疾病種類與治療」、「疾病照顧」、「獸醫」等次概念。幼兒若還有興趣，亦可在以上各項次概念下繼續深度探討下去，如在平日護理之下繼續鑽研（見下頁圖 16-7）。若幼兒對所設計的課程毫無興趣，教師可能要當機立斷，所以教師在規畫課程時，容許幼兒適度地參與是很重要的。此外，教師無論是在主題的選取、探討方向或是探討時間的長短，也要有彈性調整的雅量，究竟興趣才是學習的源泉，幼兒才是學習的主體。

　　最後，也是十分重要的是，身為一個幼兒教師，在年度之初就要把這一年所欲培養的各領域目標繪出藍圖，例如：在語文領域希望幼兒能勇於發表、能喜愛閱讀……，在社會領域希望幼兒能發展同理心及與人共處的社會技巧，並關心周遭社會所發生的大事……，在體能領域希望幼兒能發展小肌肉控制能力，並多練習大肌肉能力……。當在規畫主題課程時，要把期初所定目標一一納入，並隨時記錄目標達成情形，以便決定是否繼續強化或加深、加廣。

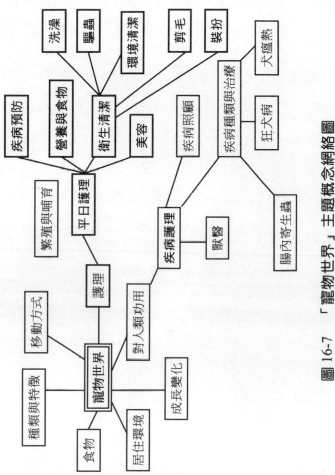

圖16-7　「寵物世界」主題概念網絡圖

參考書目

毛連塭（民 78）。實施創造思考教育的參考架構。創造思考教育，創刊號，頁 219。

李文政、周淑惠（民 88）。電腦在幼兒教育上的運用。教學科技與媒體，第 44 期，頁 56－67。

李丹（民 81）。兒童發展。台北：五南。

李連珠（民 81）。台灣幼兒之書寫發展初探。發表於八十學年度師範學院教育學術論文研討會，國立台中師範學院。

呂翠夏譯（民 77）。兒童的社會發展：策略與活動。台北：桂冠。

林政君編譯（民 83）。創作性兒童戲劇入門。台北：心理。

林佩蓉（民 84）。幼稚園實務教學中反應的兒童發展觀點。教育資料與研究，第 4 期，教育資料館。

林美珍編著（民 85）。兒童認知發展。台北：心理。

周淑惠（民 83）。教材編選。載於教育部編印，幼稚園教師手冊。台北：教育部。

周淑惠（民 84）。幼兒數學新論──教材教法。台北：心理。

周淑惠（民 85）。當前幼兒數學研究及其教育意涵，載於國民教育研究學報，第 2 期，嘉義教師院學報。

周淑惠（民 86a）。正式與非正式幼兒教師之教學信念與行為研究。國科會專題研究計畫：NSC85－2413－H134－005。

周淑惠（民 86b）。幼兒自然科學經驗──教材教法。台北：心理。

周淑惠（民 87a）。幼稚園課程與教學創新：一個個案經驗的啟示。載於中華民國課程與教學學會主編，學校本位課程與教學創新。台

北：揚智。

周淑惠（民87b）。創造力、生活與教學。淺談創造力與幼兒教師。載
　　於新竹師院編印，教育改革理念與做法。新竹：新竹師院。

周淑惠（民87c）。幼兒數學之教與學問題研究，發表於生活、遊戲、
　　數學一幼兒數學概念學習研討會，國立台北師範學院。

周淑惠、陳志如（民87）。幼兒園室內學習環境簡介：學習區，國教
　　世紀，第179期，頁15-20。

周淑卿（民88）。論九年一貫課程之「統整」問題。載於中華民國課
　　程與教學學會主編，九年一貫課程之展望。台北：揚智。

范瓊方（民84）。幼兒繪畫心理分析與輔導。台北：心理。

南師幼教中心譯（民80）。完整學習之幼兒教育課程通論。台北：五南。

柯華葳（民84）。學前的孩子不是沒有邏輯、知識的小人兒。新幼教，
　　第5期，頁21-23。

郭有遹（民83）。創造性的問題解決法。台北：心理。

教育部編印（民82）。幼兒教育研習資料。台北：教育部。

教育部編印（民83a）。幼稚園教師手冊。台北：教育部。

教育部編印（民83b）。台灣省、台北市、高雄市幼稚園評鑑手冊。台
　　北：教育部。

陳龍安（民84）。創造思考的理論與實際。台北：心理。

張軍紅等譯（民87）。孩子的一百種語言：義大利瑞吉歐方案教學報
　　告書。台北：光佑。

黃炳煌（民86）。課程理論之基礎。台北：文景。

黃政傑（民86）。教學原理。台北：師大書苑。

黃瑞琴（民82）。幼兒的語言經驗。台北：五南。

黃慧真譯（民80）。學前教育：在孩子的世界裡，我是誰。台北：桂冠。

楊艾琳等（民87）。藝術教育教師手冊——幼兒音樂篇。台北：國立
　　台灣藝術館編印。

潘元石（民81）。幼兒畫教學藝術。台北：信誼。

鄭黛瓊等（民87）。藝術教育教師手冊──幼兒戲劇篇。台北：國立台灣藝術教育館編印。

歐用生（民82）。課程發展的基本原理。高雄：復文。

歐用生（民88）。從「課程統整」的概念論九年一貫課程。教育研究資訊，7卷，1期。

薛曉華譯（民86）。全語文幼稚園──教學之理論與實務。台北：光佑。

潘慧玲（民84）。幼兒發展與教育。台北：師大書苑。

盧素碧（民82）。幼兒的發展與輔導。台北：文景。

簡楚瑛等（民84）。當前幼兒教育問題與因應之道。教育改革諮詢委員研究報告。

蘇振明等（民87）。藝術教育教師手冊──幼兒美術篇。台北：國立台灣藝術教育館編印。

Althouse, R. (1988). Investigating science with young children. New York: Teachers College.

Andress, B. (1995). Transforming curriculum in Music. In S. Bredekamp & T. Rosegrant (eds.), Reaching Potentials: transforming early childhood curriculum and assessment (Vol. 2). Washington D. C.: NAEYC.

Baratta-Lorton, M. (1979). Workjobs Ⅱ: number activities for early childhood. Menlo Park, C.A.: Addison-Wesley Publishing Co.

Baroody, A. J. L. & Ginsburg, H. G. (1986). The relationship between initial meaningful and mechanical knowledge of arithmetic. In J. Hiebert (ed.), Concepeual and procedural knowledge: the case of mathematics. Hillsdale, NJ: Lawrence Erlbaum.

Baroody, A. J. (1987). Children's mathematical thinking: a developmental framework for preschool, primary, and special education teachers. New York: Teachers College.

Baroody, A. J. & Ginsburg, H. P. (1990). Children's learning: A cognitive view. In R. D. B. Davis, C. D. A. Maher & N. Noddings (eds.), Constructivist views of the teaching and learning of Mathematics. Reston, VA: NCTM.

Barooky, A. D. J. (1992). The Development of prschoolers' counting skill and principles. In J. Bideaud, C. Meljac & J. D. P. Fischer (eds.), Pathways to number: children's drveloping numerical abilities. Hillsdale, N. J.: Lawrence Eulbaum Associates.

Beane, J. (1993). Problems and possibilities for an integrative curriculum. Middle School Journal, 25(1), 18-23.

Beane, J. (1997). Curriculum integration-designing the core of democratic education. N. Y.: Teachers College Press.

Beaty, J. J. (1992). Preschool: appropriate practices. O'rlando, Florida: Harcourt Brace Jovanovic.

Berk, L. E. & Winsler, A. (1995). Scaffolding children's learning: Vygotsky and early childhood education. Washington D. C.: National Association for the Education of Young Children.

Berry, C. & Mindes, C. (1993). Planning a theme-based curriculum. Glenview, IL: Goodyear Books.

Berzansky, M (1971). The role of familiarity in children's exploration of physical causality. Child Development, 42, 705-715.

Brainerd, C. J. (1974). Inducing ordinal and cardinal representations of the first five natural numbers. Journal of Experimental Child Psychology, 18, 520-534.

Bredekamp, S. (1987). Developmentally appropriate practive in early childhood prosrams serving children from birth through age 8. Washington D. C.: NAEYC.

Brophy, J. & Alleman, J. (1991). A caveat: curriculum integration isn't always a good idea. Education Leadership, 19(2), 66.

Bredekamp, S. & Rosegrant, T. (eds.) (1995). Reaching Potentials: trans-
forming early childhood curriculum and assessment (Vol. 2).
Washington D. C.: NAEYC.

Bredekamp, S. & Rosegrant, T. (1995). Reaching potentials through trans-
forming curriculum, assessment, and teaching. In S. Bredekamp &
T. Rosegrant (eds.), Reaching Potentials: transforming early childhood
curriculum and assessment (Vol.2). Washington D.C.: NAEYC.

Bredekamp, S. & Rosegrant, T. (1995). Transforming curriculum
organization. In S. Bredekamp & T. Rosegrant (eds.), Reaching
Potenials: transforming early childhood curriculum and assessment
(Vol.2). Washington D. C.: NAEYC.

Bruner, J. & Haste, H. (1987). Introduction. In J. Bruner & H. Haste
(eds.), Making sense: the child construction of the world. New York:
Routledge.

Carin, A. A. & Sund, R. B. (1989). Teaching modern science. Columbus,
Ohio Merrill.

Case, R. (1986). Intellectual development: birth to adulthood. New York:
Academic Press.

Chard, S. (1992). The project approach. Alberta Canada: University of
Alberta Priating Services.

Charlesworth, R. (1984). Kindergarten mathematics: step by step from
concrete materials to paper and pencil. Paper presented at the Annual
Conference of the National Assiciation for the Education of Young
Children, Los Angeles, CA. ERIC Document Reproduction Service
No. ED. 252 433.

Chi, M. H. & Koeske, R. D. (1983). Network representation of a child's
dinosaur knowledge. Developmental Psychology, 19, 29-39.

Clay, M. (1991). Becoming literate Portsmouth. NH: Heinemann.

Cliatt, M. D. J. D. P. & Shaw, J. M. (1992). Helping children explore science. New York: Macmillan.

Cobb, P. (1985). Areaction to three early number papers. Journal of Research in Mathematics Education, 16, 141-145.

Corsaro, W. D.A. (1985). Friendship and peer culture in the early years. Norwood, NJ: Ablex.

Curtis, S. (1987). New views on movement development and the implications for curriculum in early childhood education. In C. Seefeldt (ed.), The early childhood curriculum: a review of current research. N.Y.: Teachers College Press.

Day, D. E. (1983). Early childhood curriculum: A human ecological approach. Glenview, IL: Scott, Foresman and Company.

Debono, E. (1990). Lateral thinking: creativity step by step. N. Y.: Harper & Row.

Donalson, M. (1978). Children's minds. New York: W. W. Norton.

Dore, J. (1989). Monologue as reenvoicement of dialogue. In K. Nelson (ed.), Narratives from the crib. Cambridge, MA: Harvard.

Drake, S. (1991). How our team dissolved the boundaries. Education Leadership, 49(1), 20-22.

Dyson, A. & Genishi, C. (1993). Visions of children as language users: language and language education in early childhood. In B. Spodek (ed.), Handbook of research on the education of young children. N. Y.: Macmillam.

Edwards, C. (1986). Social and moral development in young children: creative approaches for the classroom. N.Y.: Teachers College Press.

Edwards, C., Gandini, L. & Forman, G. (eds.) (1993). The hundred languages of children. Norwood, N.J.: Ablex.

Eliason, C. & Jenkins, L. (1994). A practical guide to early childhood curriculum. New York: Merrill.

Elkind, D. (1987). Miseducation: preschoolers at risk. New York: Longmans, Green and Co.

Elkind, D. (1988). The hurried child. Reading, MA: Addison-Wesley.

Essa, E. (1992). Introduction to early childhood education. N. Y.: Delmar Publishers.

Feng, J. (1994). Issues and trends in early childhood education. ERIC Document Reproduction Service No. ED 372 841.

Ferreiro, E. & A. Teberosky. (1982). Literacy before schooling (K. Goodman, trans.). Portsmouth, NH: Heinermann.

Fleer, M. (1992). From Piaget to Vygotsky: Moving into a new era of early childhood education. ERIC Document Reproduction Service No. ED 360 060.

Fleer, M. (1993). Science education in child care. Science Education, 77 (6), 561-573.

Fogarty, R. (1991). Ten ways to integrate curriculum. Educational Leadership, 49 (2), 61-65.

Forman, G. & Kaden, M. (1987). Research on science education for young children. In C. Seefeldt. (ed.), The Early childhood curriculum: A review of current research. New York: Teachers College Press.

Fowell, F. & Lawton, J. (1993). Beyond polar descriptions of developmentally appropriate practice: A reply to BredeKamp. Early Childhood Reserch Quaterly, 8, 121-124.

Frost, J. (1987). Child development and playgrounds. Paper presented at the National Covention of the American Alliance for Health, Physical Edeucation, Recreation and Dance, Las Vegas. (ED 281632).

Gallahue, D. (1995). Transfouming physical education curriculum. In S. Bedekamp & T. Rosegrant (eds.), Reaching Potentials: transforming early childhood curriculum and assessment (Vol. 2). Washington D. C.: NAEYC.

Gardner, H. (1980). Artful scribbles. N.Y.: BasicBooks.

Garder, H. (1991). Unschooled mind: how children think and how schools should teach. N.Y.: BasicBooks.

Garvey, C. & Hogan, R. (1973). Social speech and social interaction: Egocentrism revisited. Child Development, 44, 562-568.

Gelman, H. (1979). Preschool thought. American Psychologist, 34 (10), 900-905.

Gelman, R. & Gallistel, C. R. (1978). The child's understanding of number Cambridge. MA: Harvard University Press.

Gelman, R. & Meck, E. (1983). Preschoolers' counting: principles before skill. Cognition, 13, 343-359.

Gelman, R. & Meck, E. (1986). The notoin of principle: the case of counting. In J. Hiebert (ed.), Conceptual and procedural knowledge: the case of mathematics. Hillsdale, NJ: Lawrence Erlbaum.

Gelman, R., Meck, E. & Merkin, S. (1986). Young children's numerical competence. Cognitive Development, I , 1-29.

Gelman, R. & Greeno. G. (1989). On the nature of competence: principles for understanding in a domain. In L. B. Resnick (ed.), Knowing, learning and instruction: essays in honor of Rober Glaser. Hillsdale NJ: Lawence Erlbaum.

Gelman, R. & Meck, E. (1992). Early principles aid initial but not later conceptions of number. In J. Bideaud, C. Meljac & Fischer (eds.), Pathways to number. Hillsdak, NJ: Lawrence Erlbaum.

Gerhardt, J. (1989). Monologue as a speech genre. In K. Nelson (ed.), Narratives from the crib. Cambridge, MA: Harvard University Press.

Ginsburg, H. P. (1981). Piaget and education: the contributions and limits of genetic epistemology. In I. Sigel., D. Brodzinsky & R. Golinkoff (eds.), New directions in Piagetian theory and practice. Hillsdale, NJ: Lawrence Erlbaum.

Ginsburg, H. & Yamamoto, T. (1986). Understanding, moivation, and teaching: comment on Lamper's knowing, doing and teaching multiplication. Cognition and Instruction, 3, 357-370.

Ginsburg, H. P. & Opper, S. (1988). Piaget's theory of intellectual development. Englewood Cliffs, New Jersey: Prentice Hall.

Ginsburg, H. P. (1989). Children's arthmetic: how they learn it and how you teach it. Austin Tex: Pro-Ed.

Goodman, Y. (1990). How children construct litetacy: Piagetian perspectives. Newark, DE: International Reading Association.

Goodman, Y. & Goodman, K. (1990). Vygotsky in a whole language perspective. In L. Moll (ed.), Vygotsky and education: instructional implications and applications of sociohistorical psychology. Cambridge, MA: Cambridge University Press.

Gordon, A. & Browne, K. (1993). Beginnings and beyond. N. Y.: Delmar publishers.

Gowan (1979). The development of creative individual. In J. Gowan, J. Khatena, and E. Torrance. (eds.), Educating the Ablest.

Gozzer, G. (1982). Interdisciplinarity: a concept still unclear. Prospects, 12, 281-292.

Greeno J. G., Riley, M. S. & Gelman, R. (1984). Comceptual competence and children's counting. Cognitive Psychology, 16, 94-143.

Gowan, J. (1972). Development of the creative individual. San Diego: R. Knapp.

Gullo, D. F. (1992). Developemntally appropriate teaching in early Childhood: curriculum, implemintation, evalution. National Educution

Asscciation of the United States.

Guilford, J. (1985). The structure of intellect model. In B. Wolmon (ed.), Handbook of intelligence. N. Y.: Willey.

Harlan (1988). Science experiences for early childhood. Columbus, Ohio: Merrill.

Harste, J., Woodward, V. & Burke, C. (1984). Language stories and literacy lessons. Portsmouth, NH: Heinemann.

Haste, H. (1987). Growing into rules. In J. Brunner & H. Haste (eds.), Making sense: the child's construction of the world. New York: Methuen.

Haddens, J. & Speer, W. (1988). Today's mathematecs. Chicago, IL: Science Research Associates.

Hendrick J. (1992). The whole child: developmental education for the early year. N. Y.: Macmillan.

Hendricks, C. & Smith, C. (1995). Transforming health Curriculum. In S. Bredekamp & T. Rosegrant (eds.), Reaching Potentials: transforming early childhood curriculum and assessmint (Vol. 2). Washington D. C.: NAEYC.

Herr, J. & Morse, W. (1982). Food for thought: nutrition education for young children. Young Children, 38, 3-11.

Hitz, R. & Wright, D. (1988). Kindergarten issues: a practitioners survey. Principal, 69, 28-31.

Hughes, M. (1985). Children and number: difficulties in learning Mathematics.

Inagaki, K. (1992). Piagetian and post-Piagetian conceptions of development and their implications of science education. Early Childhood Research Quarterly, 7, 115-113.

International Reading Association (1986). Literacy development and pre-first grade. Young Children, 41(4), 10-13.

IRA & NAEYC (1998). Learning to read and write: developmentally appropriate practices for young children: A joint position statement of the International Reading Association (IRA) and the National Association for the Education of Young Children (NAEYC). Young Children, July.

Jacobs, G. & Crowley (1994). Weaving an integrated curriculum. Paper presented at the Midwest Association for the Education of Young Children Conference, Peoria IL.

Jacobs, H. (1991). The integrated curriculum. Instructor Magazine, 10 (2), 22-23.

Jalongo, M. & Collins, M. (1985). Singing with young children! Folk singing for nomusicians. Young Children, 40(2), 17-22.

Johnson, J., Christie, J. & Yawkey, T. (1987). Play and early childhood development. Harper Collins.

Jones, E. & Nimmo, J. (1994). Emergent curriculum. Washington D. C.: NAEYC.

Kamil, C. (1989). Young children continue to reinvent arithmetic (2nd garde): implications of Piaget's theory. New York: Teachers College Press.

Katz, L. (1987). Early education: what should young children be doing? In S. Kagan & E. Zigler (eds.), Early schooling. CA: Yale University.

Katz, L. & Chard, S. (1989). Engaging children's minds: the project approach. Norwood, NJ: Ablex.

Kendrick, A., Kaufmann, R. & Messenger, K. (eds.) (1995). Healty young children: a manual for programs. Washington D.C.: NAEYC.

Keogh, J. & Sugden, D. (1985). Movement skill development. N.Y.: Macmillan.

Kessler, S. A. (1991). Alternative perspective on early childhood education. Early Childhood Rsesarch Quarterly, 6, 183-197.

Kilmer, S. & Hofman, H. (1995). Transforming science curriculum. In S. Bredekamp & T. Rosegrant (eds.), Reaching Potentials: transforming early childhood curriculum and assessment (Vol. 2). Washington D. C.: NAEYC.

Koslowski, B. (1980). Quantitative and qualitative changes in the development of seriation. Merrill-Palmer Quarterly, 26, 391-405.

Kostelnik, M., Stein, L., Whiren, A. & Soderman, A. (1988). Guiding children's social development. Cincinnati, Ohio: South Western.

Kostelnik, M., Soderman, A. & Whiren, A. (1993). Developmentally appopriate programs in early childhood education. NY: Merrill.

Kourilsky, M. & Kehret-ward, T. (1984). Kindergarten's attitudes toward distributive justice: experiential mediator. Merrill-Palmer Quarterly, 30(1), 49-63.

Marotz, L., Cross, M. & Rush, J. (1993) Health, safety and nutrition for the young child. Delmar.

Maxim, G. (1989). The very young. Columbus ohio: Merrill.

Moore, G. (1983). State of art in play environment research and applications. Paper presented at the International Conference of Play and play Environment, Autin, TX. (ED 237 474).

Moyer, J., Egertson, H. & Isenberg, J. (1987). The childcentered kindergarten. Childhood Education, 63, 235-242.

NAEYC (1999). An idea blossoms-integrated curriculum (video tape, #868). Washington D. C.: NAEYC.

National Council of Teachers of Mathematics (1990). Curriculum and evaluation standard for school mathematics (3rd ed.). Reston, VA: National Council of Teachers of Mathematics.

National Council of Teachers of Mathematics (1991). Curriculum and evaluation standard for school Mathematics; Addenda series, kindergarten Book. Reston, VA: National Council of Teachers of Mathematics, Inc.

Nelson, K. (1985). Making sense: The acquisition of shared meaning. Orlando, FL: Academic Press.

Nelson, L. D. & Kirkpatrick, J. (1988). Problem solving. In J. D. A. Payne (ed.), Mathematics learning in early childhood (7th ed.). Reston, VA: National Council of Teachers of Mathematics.

Noddings, N. (1986). Teaching as a heuristic enterprise. Paper presented at the annual meeting of the Psychology of Mathematics Education Group. East Lancing, Michigan.

Noddings, N. (1990). Constuctivist in Mathematics education. In R. B. Davis, C. A. Marther & N. Noddings (eds.), Constructivist views on the teaching and learning of Mathematics. Reston VA: NCTM.

Payne, J. N. (1990). New direction in mathematics education. In. J. N. Payne (ed.), Mathematics for the young child. Reston, VA: National Council of Teachers of Mathematics.

Piaget, J. & Szeminska, A. (1952). Child's conception of number (C. Gattegno & F. M. Hodgson Trans.). New York: The Humanities Press. (Original work published 1941).

Piaget, J. (1963). The origin of intelligence in children. New York: Norton.

Piaget, J. & Inhelder, B. (1964). The early growth of logic in the child. London: Routledge & Kegan Paul.

Piaget, J. (1970). Genetic epistemology (E. Duckworth Trans.). New York: Columbia Universtity Press.

Piaget, J. (1973a). To understand is to invent: the future of education (G. & A. Roberts Trans.). New York: Grossman.

Piaget, J. (1973b). Comments on mathematical education: Proceedings of the Second International Congress on Mathematical Education.

London: Cambridge University Press.

Piaget, J. (1976). Piaget's theory. In B. Inhelder & H. Chipman (eds.), Piaget and his school: a reader in developmental psychology. New York: Springer-Verlag.

Post, T. R. (1988). Some notes on the nature of mathematics learning. In T. R. Post (ed.), Teaching mathimatics in grade K-8. Newton, MA: Allyn and Bacon, Inc.

Read, C. (1971). Pre-school children's knowledge of English phonology. Harvard Educational Review, 41, 1-34.

Relan A. & Kimpston, R. (1991). Curriculum integration: a critical analysis of practical and conceptual issues. Paper presented at the annual meeting of the American Educational Research Association. Chicago.

Resnick, L. D. B. & Ford, W. D. W. (1981). The psychlogy of mathematics for instruction. Hillsdale, NJ: Lawrence Erbam.

Resnick, L. D. B. (1982). Syntax and semantics in learning to subtract. In T. Carpenter, J. Moser & T. Romberg (eds.), Addition and subtraction: a cognitive perspective. Hillsdale, NJ: Lawrence Erlbaum.

Resnick, L.D.B. (1983). A development theory of number understanding. In H.P. Ginsburug (ed.), The development of mathematical thinking. New York: Academic press.

Resnick, L. D. B. & Omanson, S. D. F. (1987). Learning to understand arithmetic, In R. Glaser (ed.), Advances in instructional psychology (Vol.3). Hillsdale, NJ: Lawrence Erlbaum.

Resnick, L. B. & Klopfer, L. D. E. (1989). Toward the thinking curriculum: an overview. In L. B. Resnick & L. D. E. Klopfer (eds.), Toward the thinking curriculum: current cognitive research. 1989 Yearbook: the Association for Supervision and Curriculum Development.

Robison, H. & Spodek, B. (1965). New directions in the kindergarten. N.Y.: Teachers College Press.

Schmidt, C. R. & Paris, S. G. (1977). Children's understanding of causal sequence. Paper presented at the bienniel meeting of the Society for Research in Child Development, New Orleans.

Seefeldt, C. (1987). Social studies for the preschool-primary child. Columbus, Ohio: Merrill.

Seefeldt, C. (1987). The visual arts. In Seefeldt, C. (ed.), The early childhood curriculum: a review of current research. N.Y.: Teachers College Press.

Shoemaker, B. (1989) Integrative edrcation: a curriculum for the twenty-first century. Eric Document Reproduction Service, ED 311 602.

Sigel, I. E. (1987). Early childhood education devepopmental enhancement or developmental acceleration? In S. D. L. Kagan & E. D. F. Zigler (eds.), Early schooling. CA: Yale University.

Smilansky, S. & Shefatya, L. (1990). Facilitating play: a medium for promoting cognitive, socio-emotional and academic development in young children. Gaithersburg, MD: Psychosocial & Educational Publications.

Starkey, P. & Gelman, R. (1982). The development of addition and subtraction abilities prior to formal schooling in arithmetic. In T. P. Carpenter, J. M. Moser & T. A. Romberg (eds.), Addition and subtraction: a cognitive perspective. Hillsdale, NJ: Lawrence Erlbaum.

Sternberg, R. (1996). Investing in criativity. American Psychologist, 51 (7), 677-688.

Sugarman, S. (1981). The cognitive basis of classification in very young children: an analysis of object ordering trends. Child Development, 52, 1172-1178.

Sunal, C. (1990). Early childhood social studies. Columbus, Ohio: Merrill.

Teale, W. (1984). Reading to young children: its significance for literacy development. In H. Goelman, A. Oberg & F. Smith (eds), Awakening to literacy. Portsmouth, NH: Neinemanh.

Teeple, J. (1978). Physical growth and maturation. In M. Ridenour (ed.), Motor developmint: issues and applications. Princeton, N. J.: Princeton Book Company.

Tizard, B & Hughes, M. (1984). Young children learning. Canbridge, MA: Harvard University Press.

Tyler, R. (1975). Basic principles of curriculum & instruction. Chicago: The University of Chicago Press.

Vars, G. F. (1991). Integration curriculum in nistorical perspective. Educational Leadership, 49 (1), 14-15.

Vygotsky, L. S. (1978). Mind in society: the developmint of higher psychological process. Cambridge, MA: Harvard University.

Watson, J. S., Hayes, L. A. & Vietze, P. (1979). Bidimensional sorting in preschoolers with an instrumental learning task. Child Development, 50, 1178-1183.

Wertsch, J. V. (1985). Vygotsky and the social formation of mind. London, UK: Harvard Umiversity Press.

Whitmore, K. & Goodman, Y. (1995). Transforning curriculum in language and literacy. In S. Bredekamp & T. Rosegrant (eds), Reaching Potentials: transforming early childhood curriculum and assessment (Vol. 2). Washington D. C.: NAEYC.

Wood, D., Bruner, J. & Ross, G. (1976). The role of tutoring in problem solving. Journal of Child Psychology and Psychiatry, 17, 89-100.

Wood, D. (1988). How children think and learn. New York: Basil Blackwell.

Wood, D. J. (1989). Social interaction as tutoring. In M. Bornstein & J.

Bruner (eds.), Interaction in human development. Hillsdale, N. J.: Erlbaum.

Worth, J. (1990). Developing problem-solving abilities and attitudes. In J. D. N. Payne(ed.), Mathematics for the young child. Reston, VA: The National Council of Teachirs of Mathematics.

Zigler, E. D. F. (1987). Formal Schooling for four-Year-olds? In S. Kangan & E. Zigler (eds.), Early schooling. CA: Yale University.

Zurmuehlen (1983). Form as metaphor: a pictures and stories. Studies in Art Education, 24, 111-117.

國家圖書館出版品預行編目（CIP）資料

幼兒教材教法：統整性課程取向／周淑惠著.--
初版.--臺北市：心理，2002（民91）
　　面；　　公分.--（幼兒教育系列；51062）

　　ISBN　978-957-702-541-8（平裝）

　1. 學前教育—課程　　2. 學前教育—教學法

523.23　　　　　　　　　　　　91018226

幼兒教育系列 51062

幼兒教材教法：統整性課程取向

作　　　者：周淑惠
執行編輯：陳文玲
總　編　輯：林敬堯
發　行　人：洪有義
出　版　者：心理出版社股份有限公司
地　　　址：新北市新店區光明街 288 號 7 樓
電　　　話：(02) 29150566
傳　　　真：(02) 29152928
郵撥帳號：19293172　心理出版社股份有限公司
網　　　址：http://www.psy.com.tw
電子信箱：psychoco@ms15.hinet.net
駐美代表：Lisa Wu（lisawu99@optonline.net）
排　版　者：亞帛電腦製作有限公司
印　刷　者：紘基印刷有限公司
初版一刷：2002 年 11 月
初版十二刷：2019 年 3 月
Ｉ Ｓ Ｂ Ｎ：978-957-702-541-8
定　　　價：新台幣 250 元